Miguel Rio Branco

Mechanics of Women
La mecánica de las mujeres

LA FABRICA

64P. PHOTOESSAYS
FOTOENSAYOS

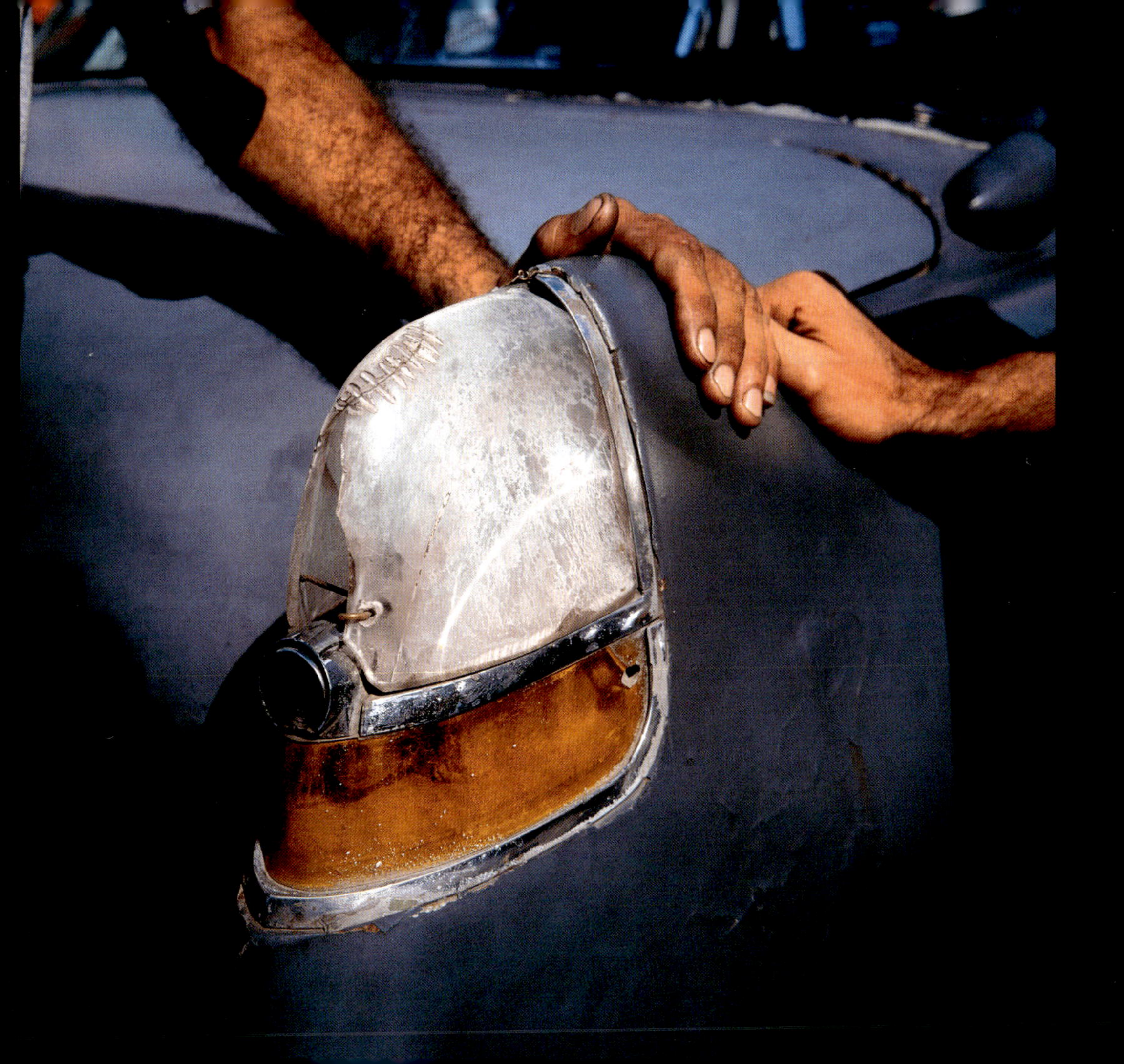

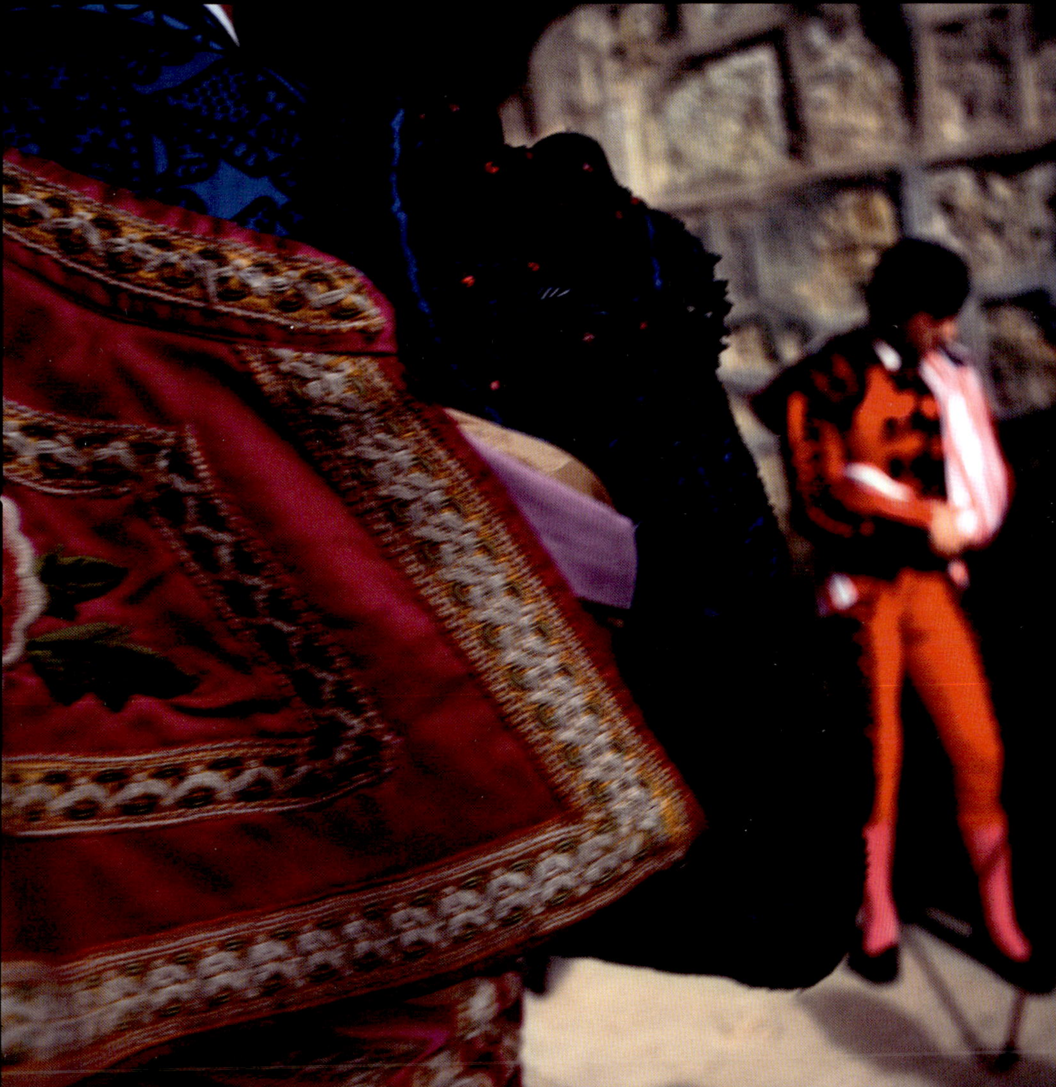

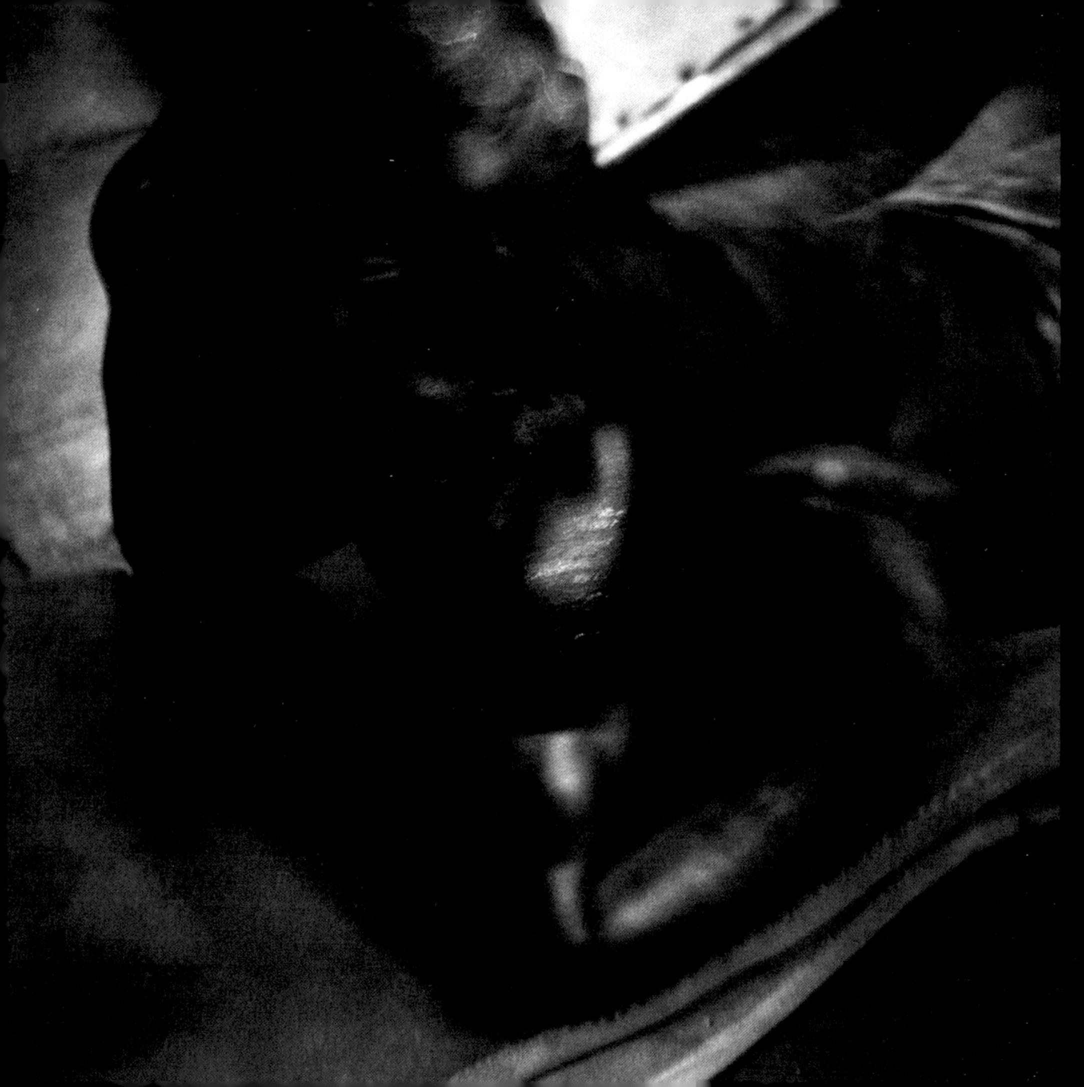

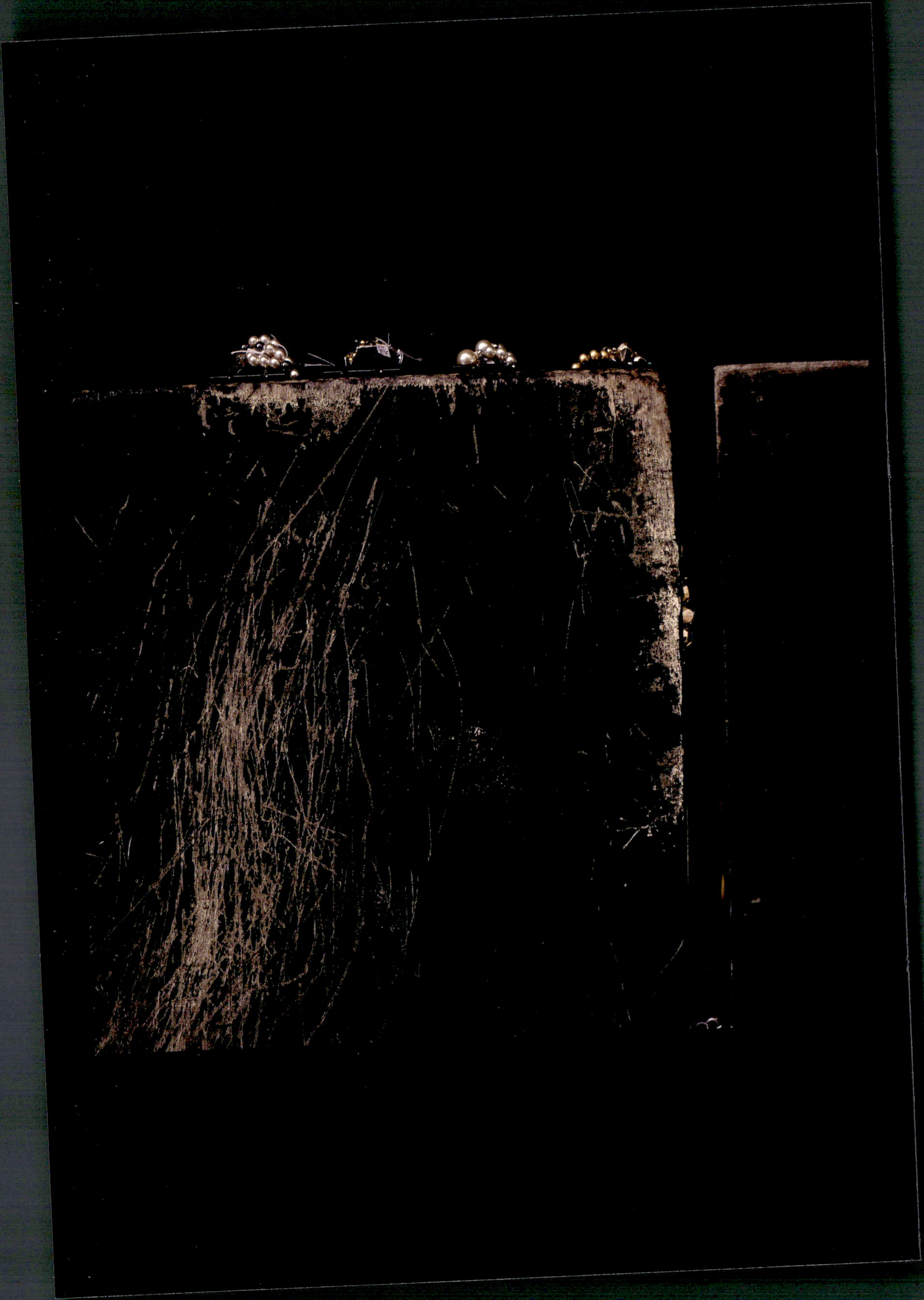

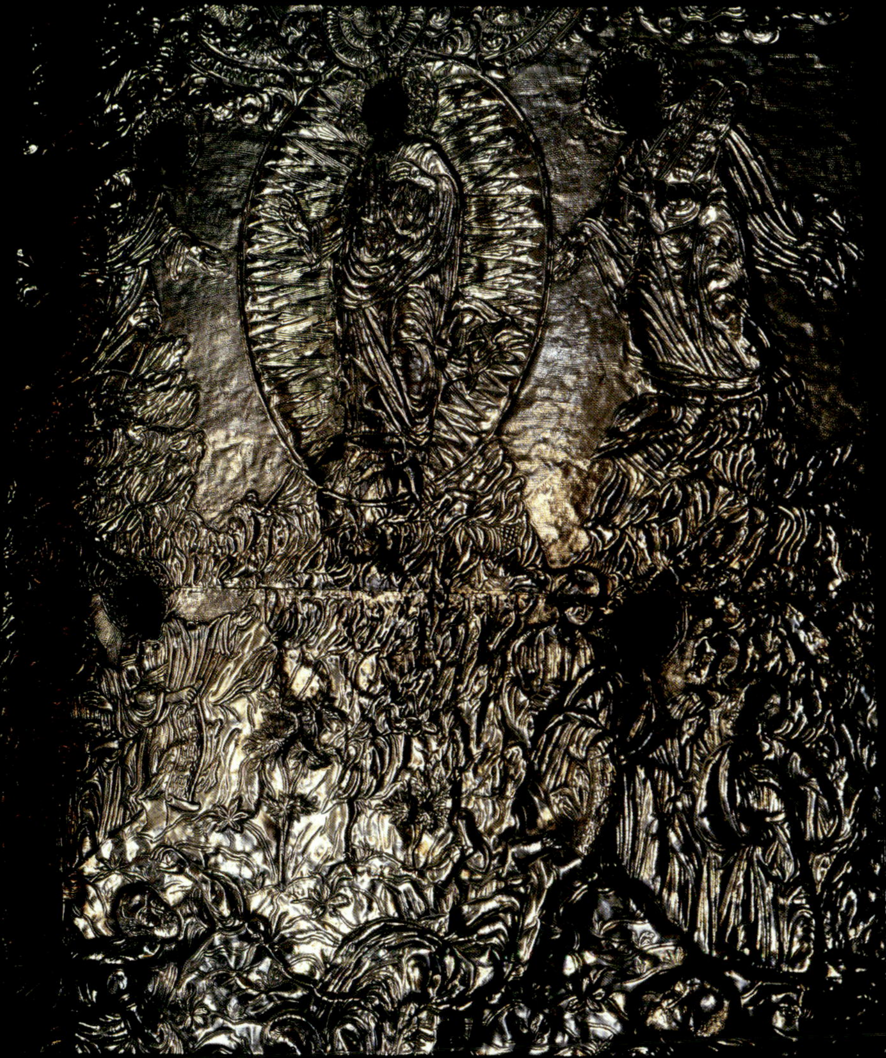

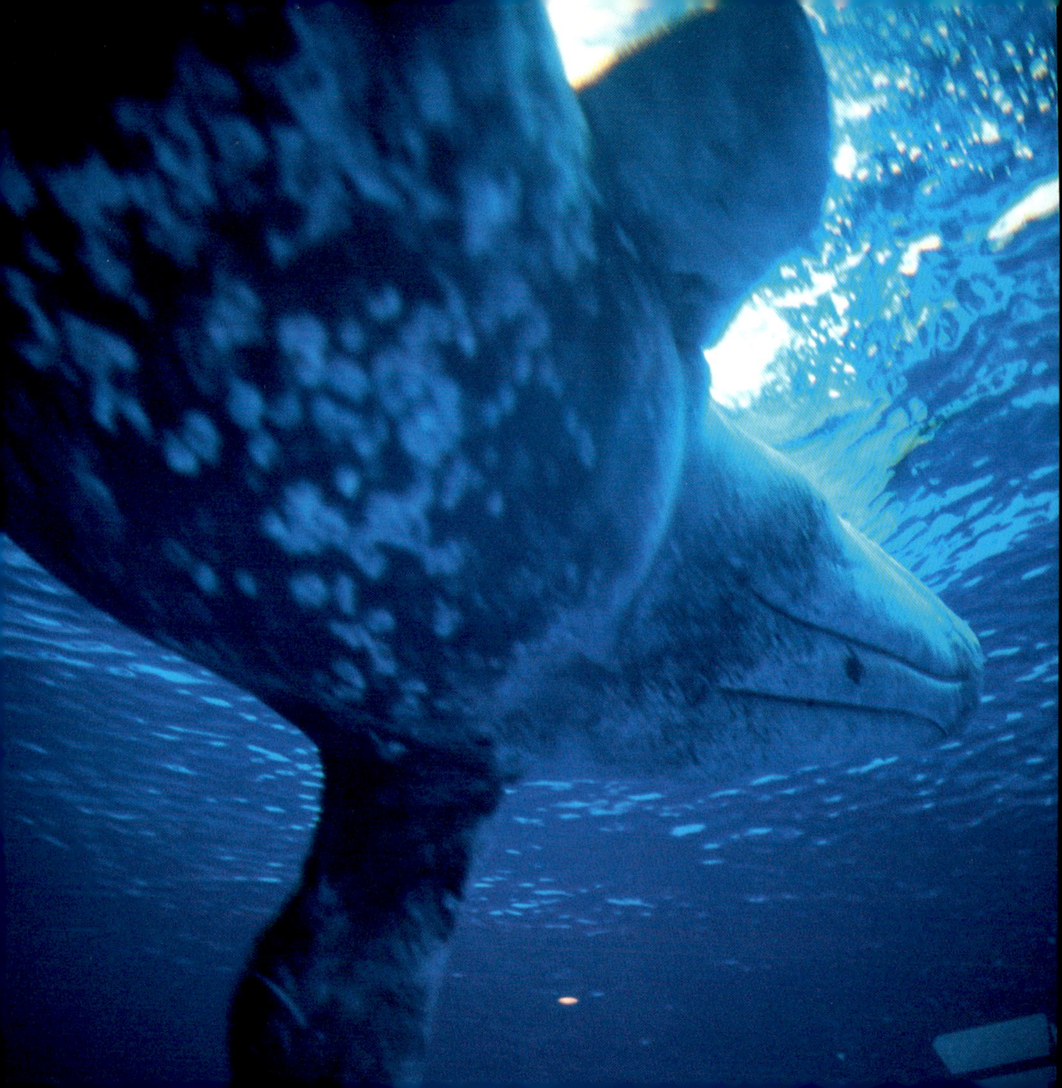

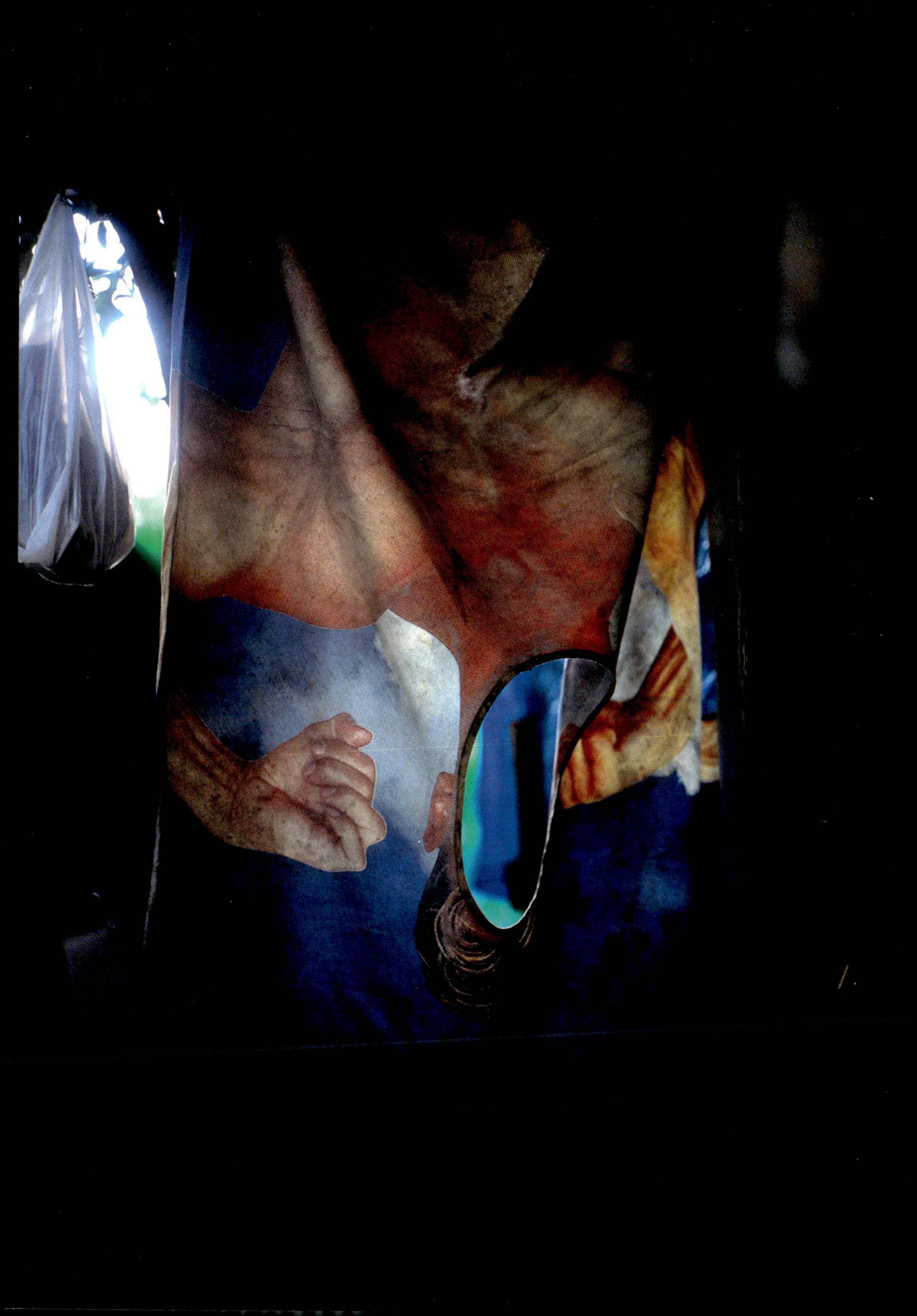

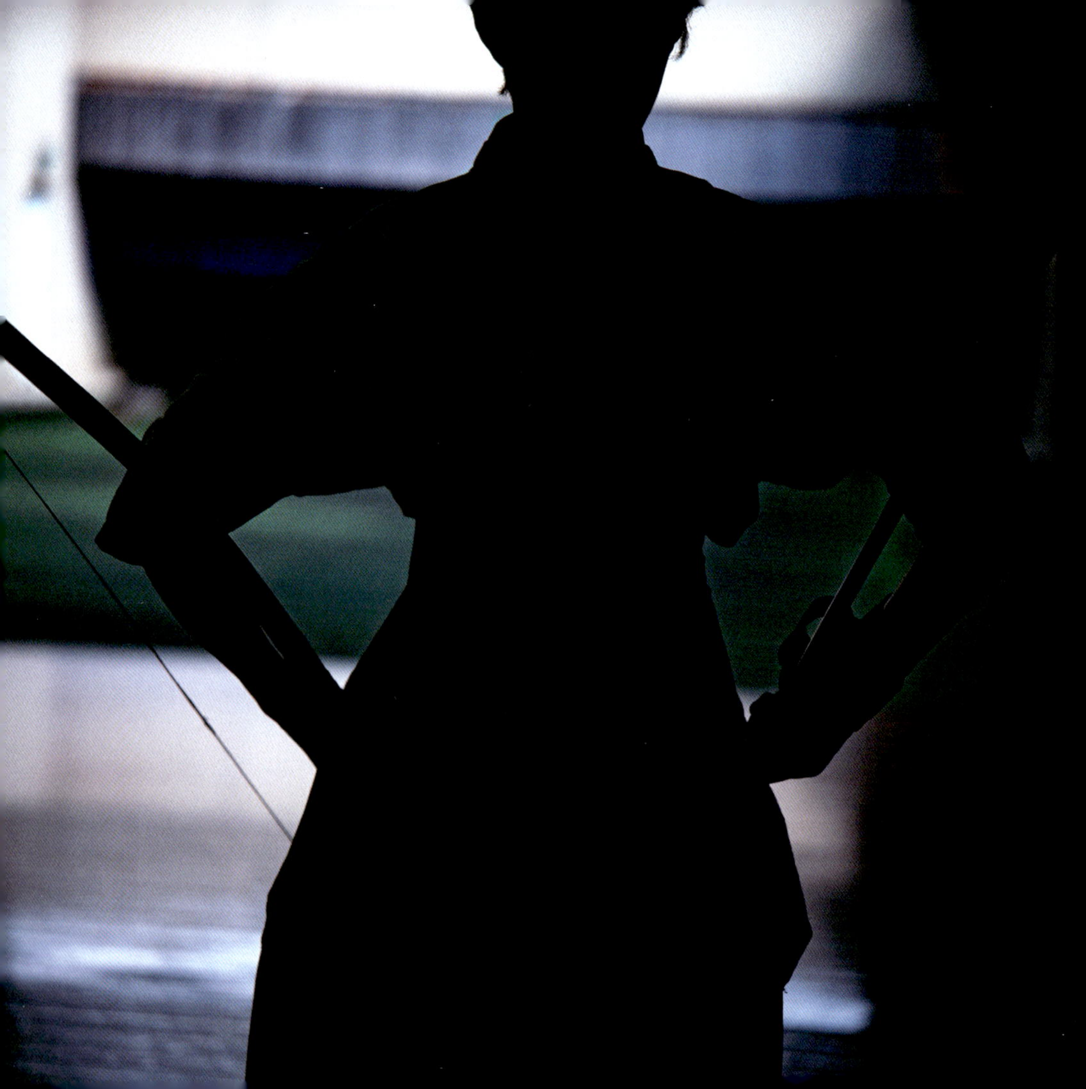

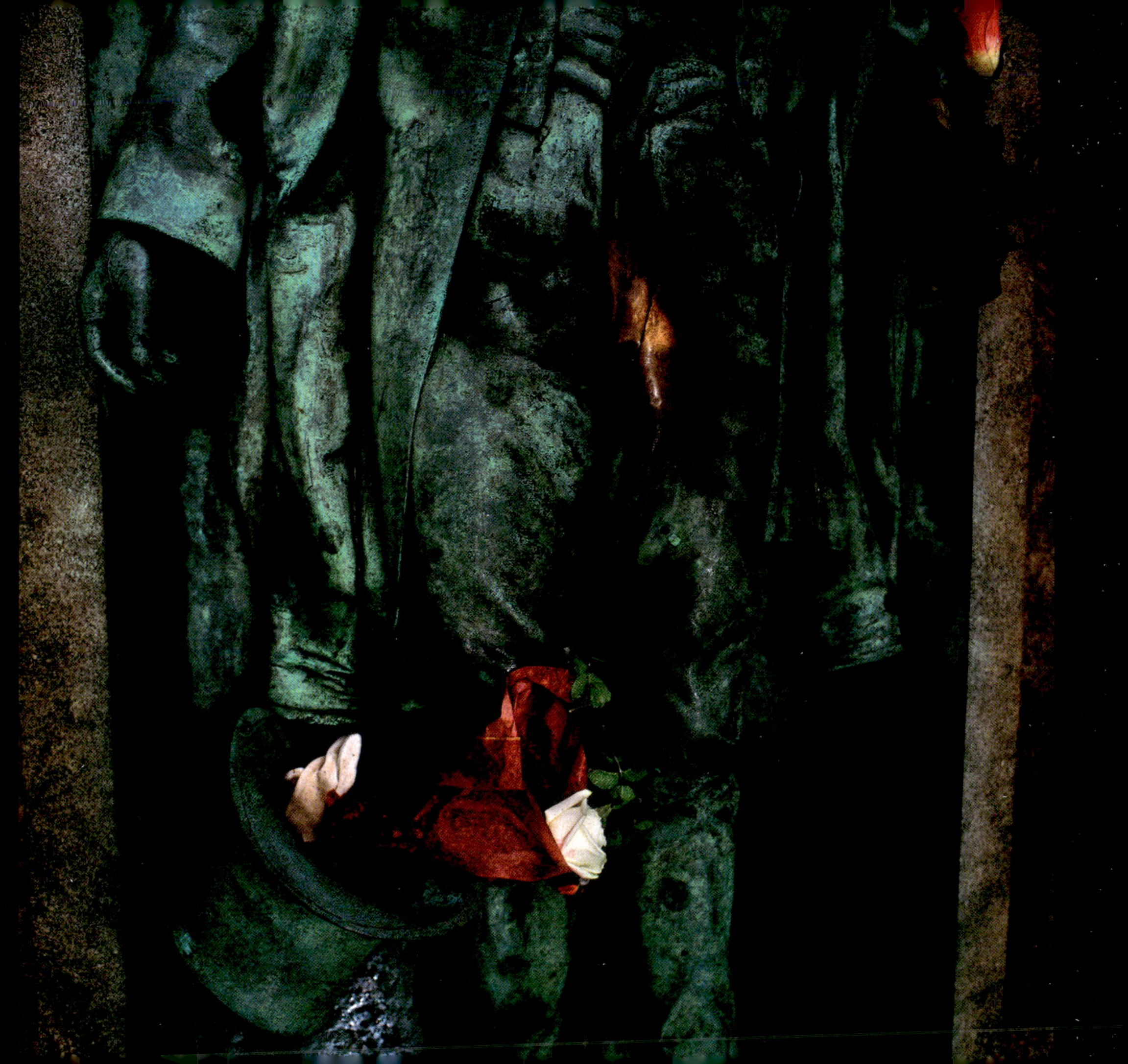

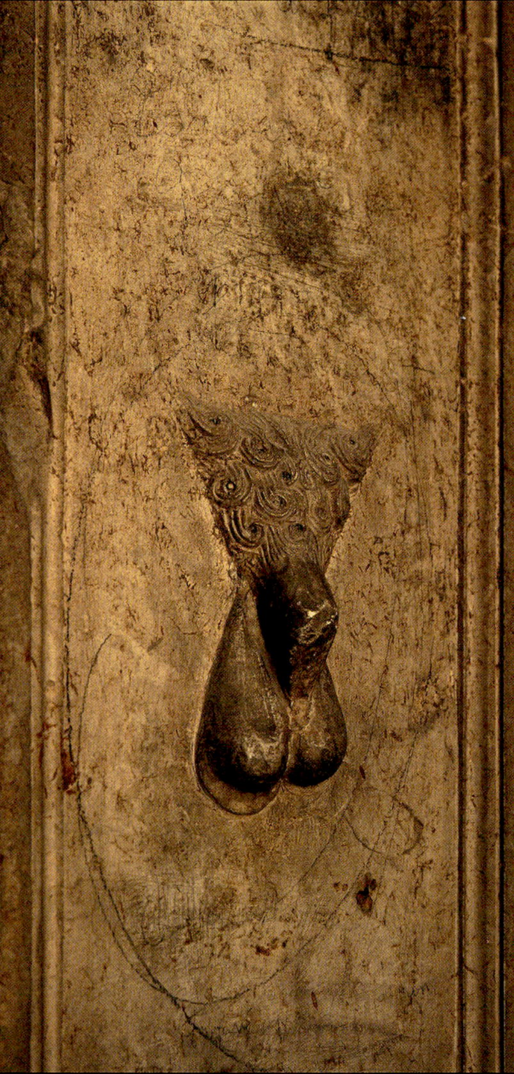

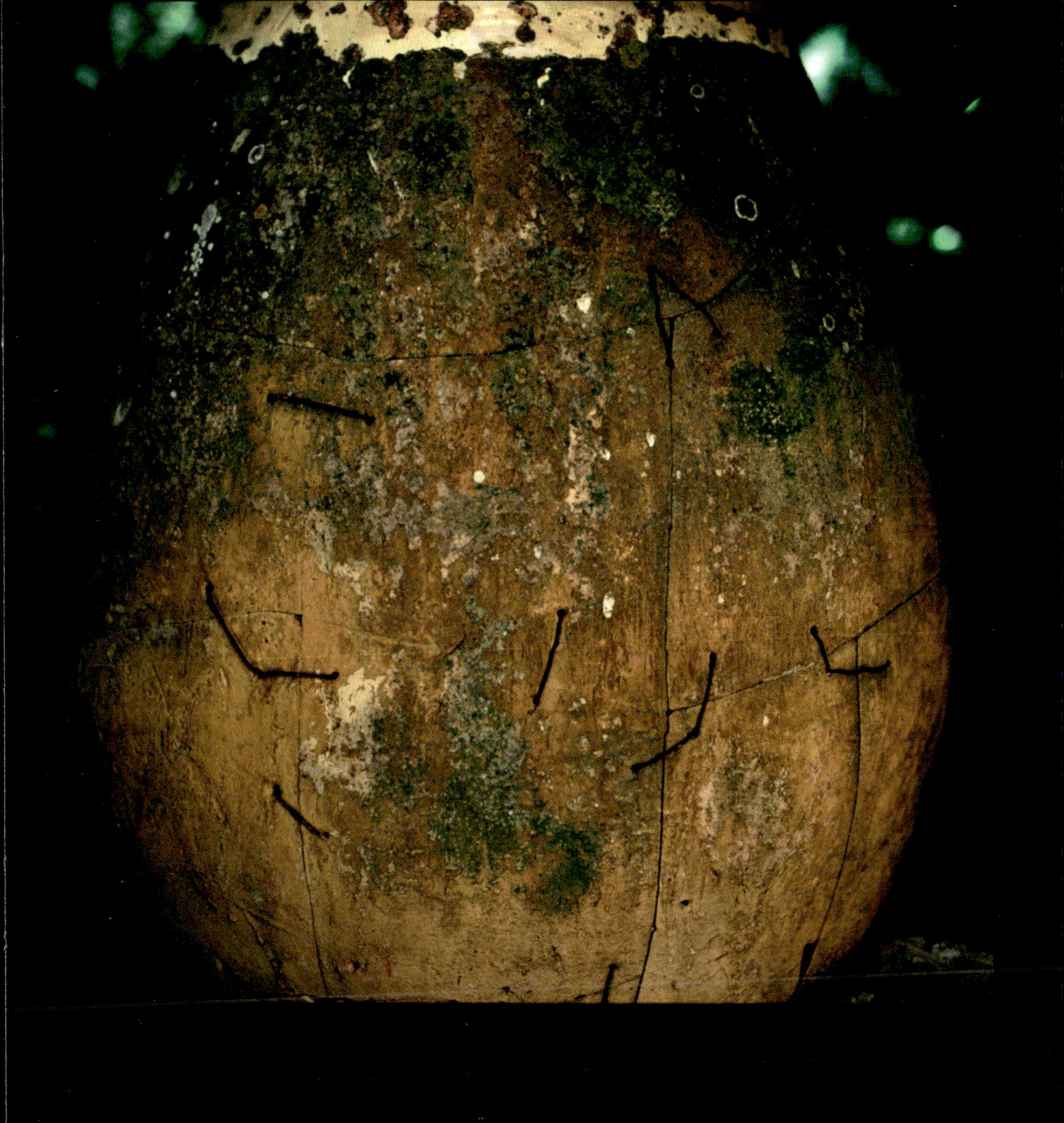

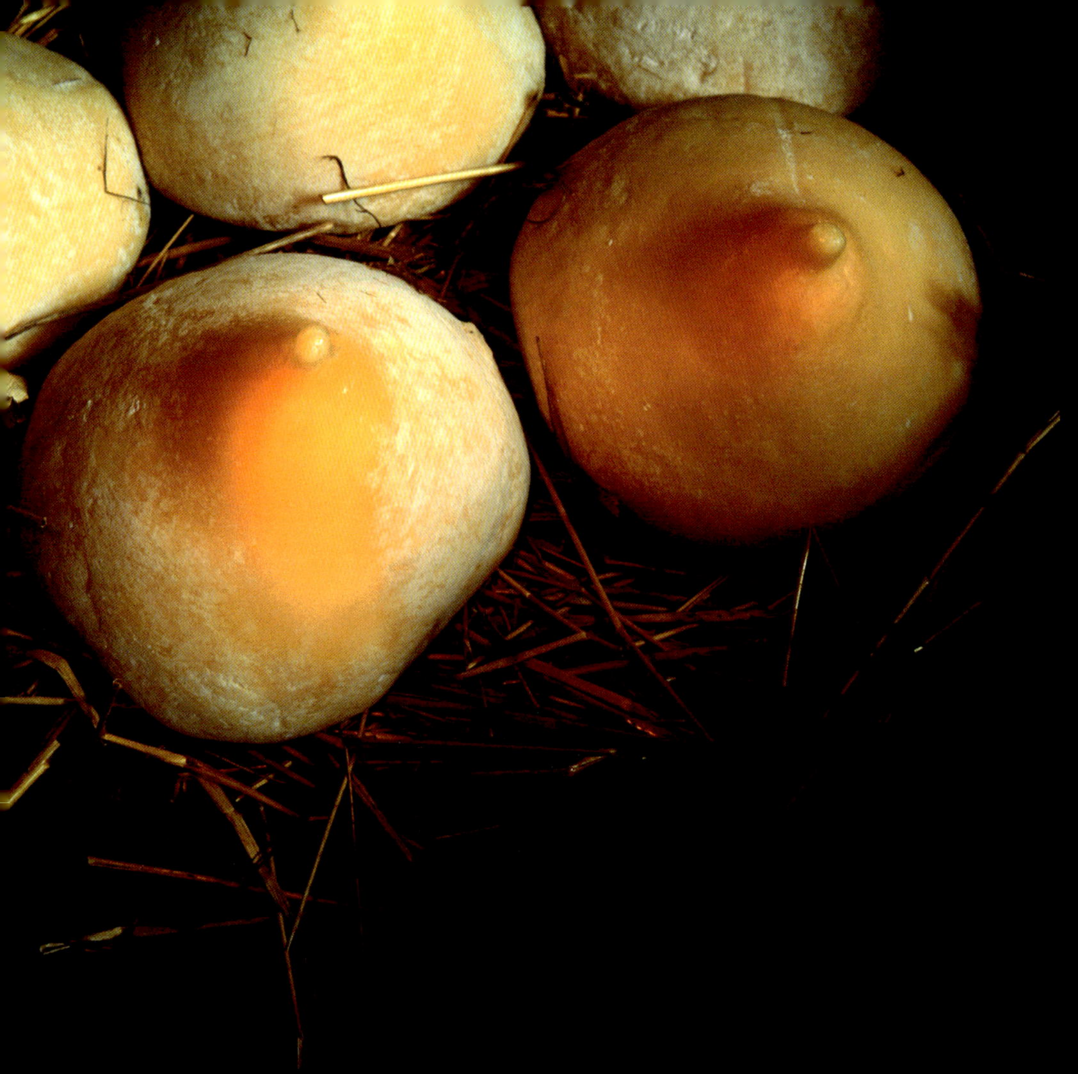

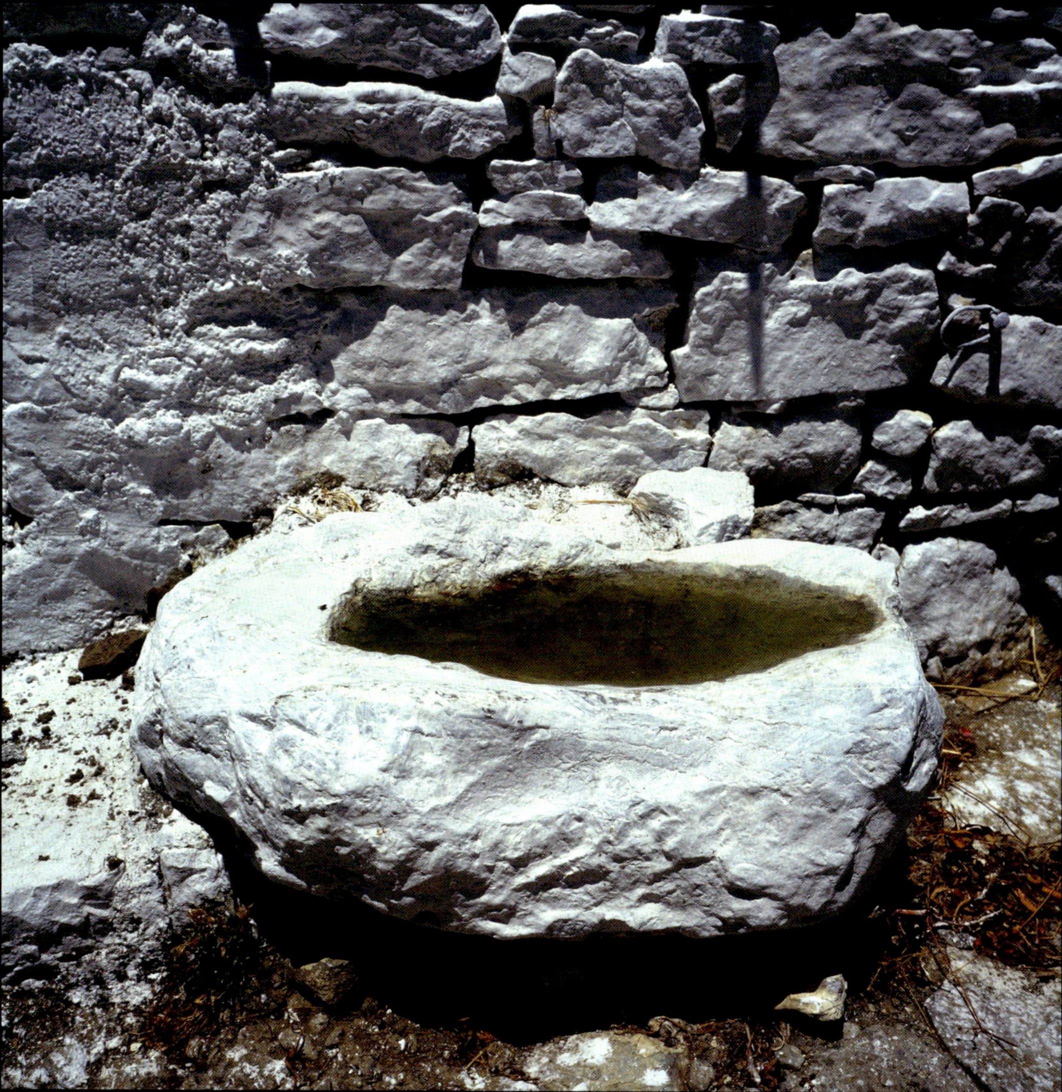

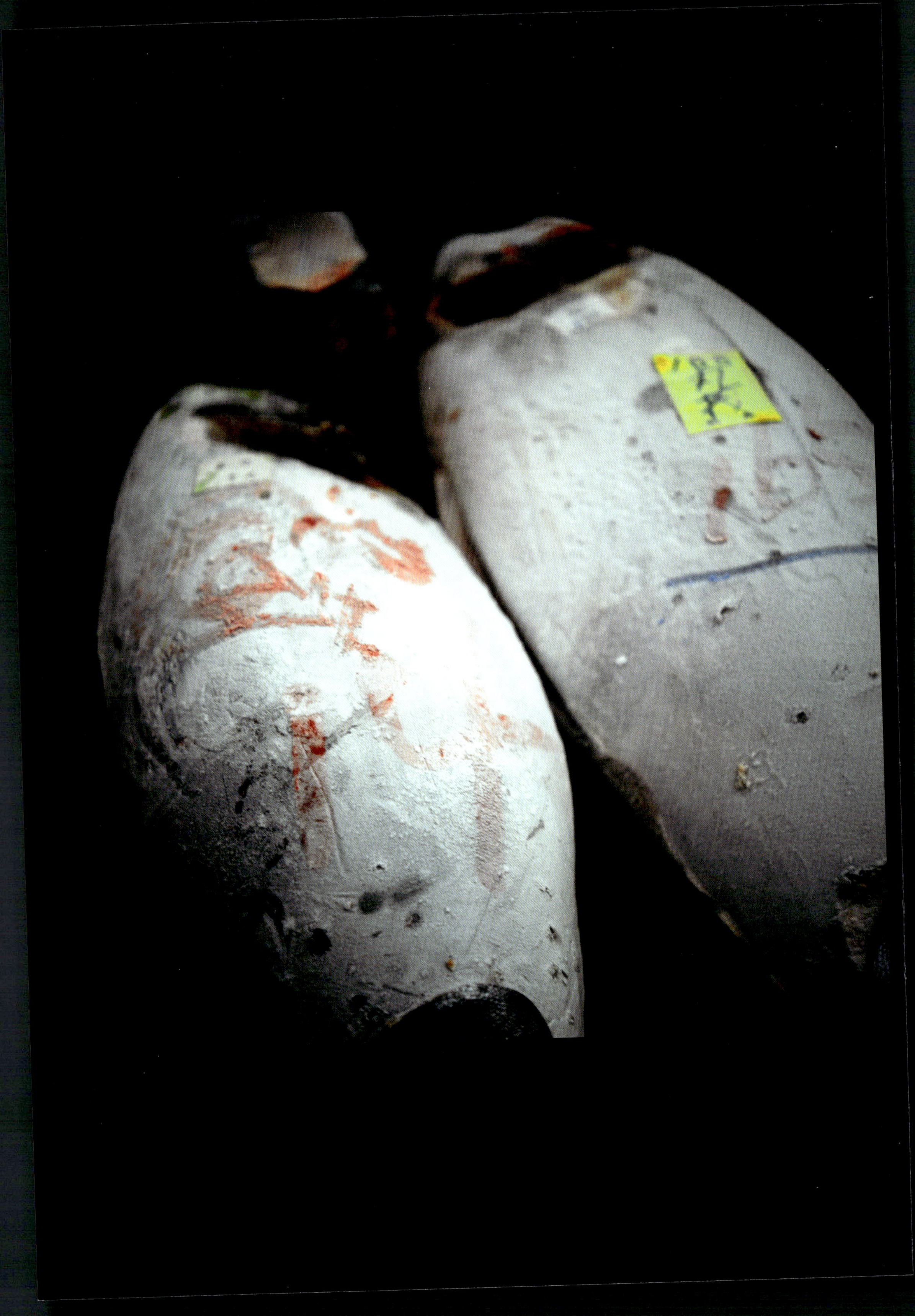

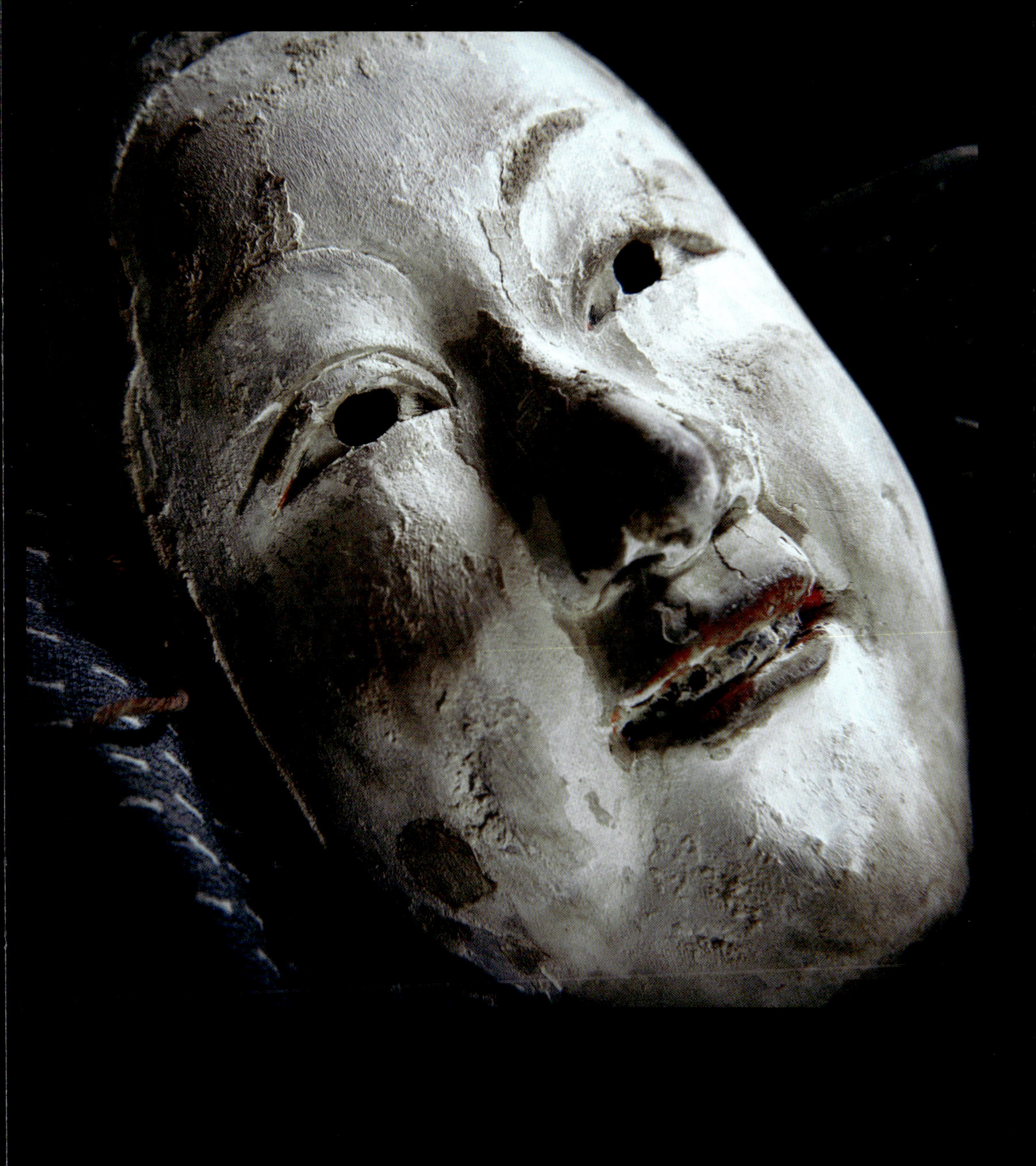

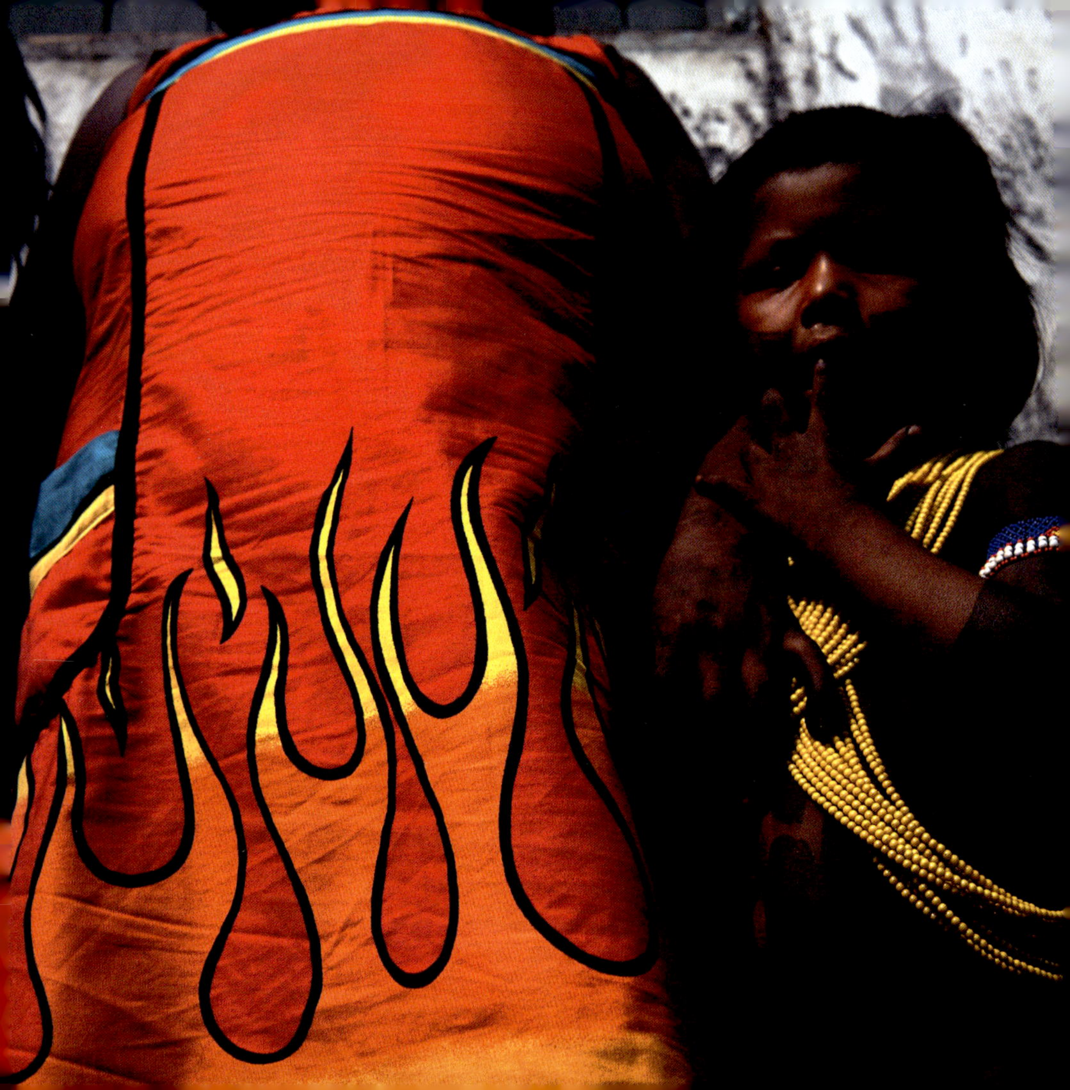

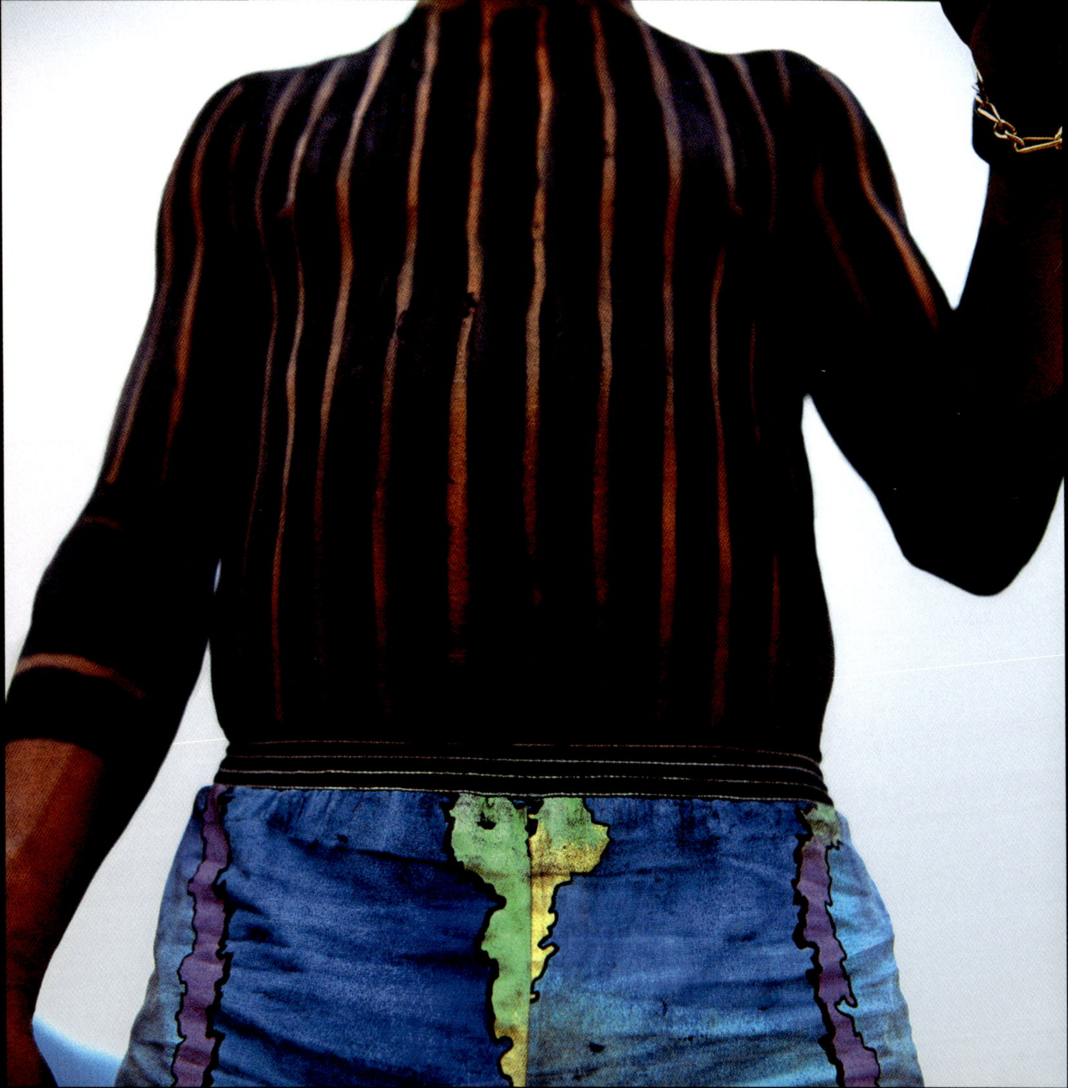

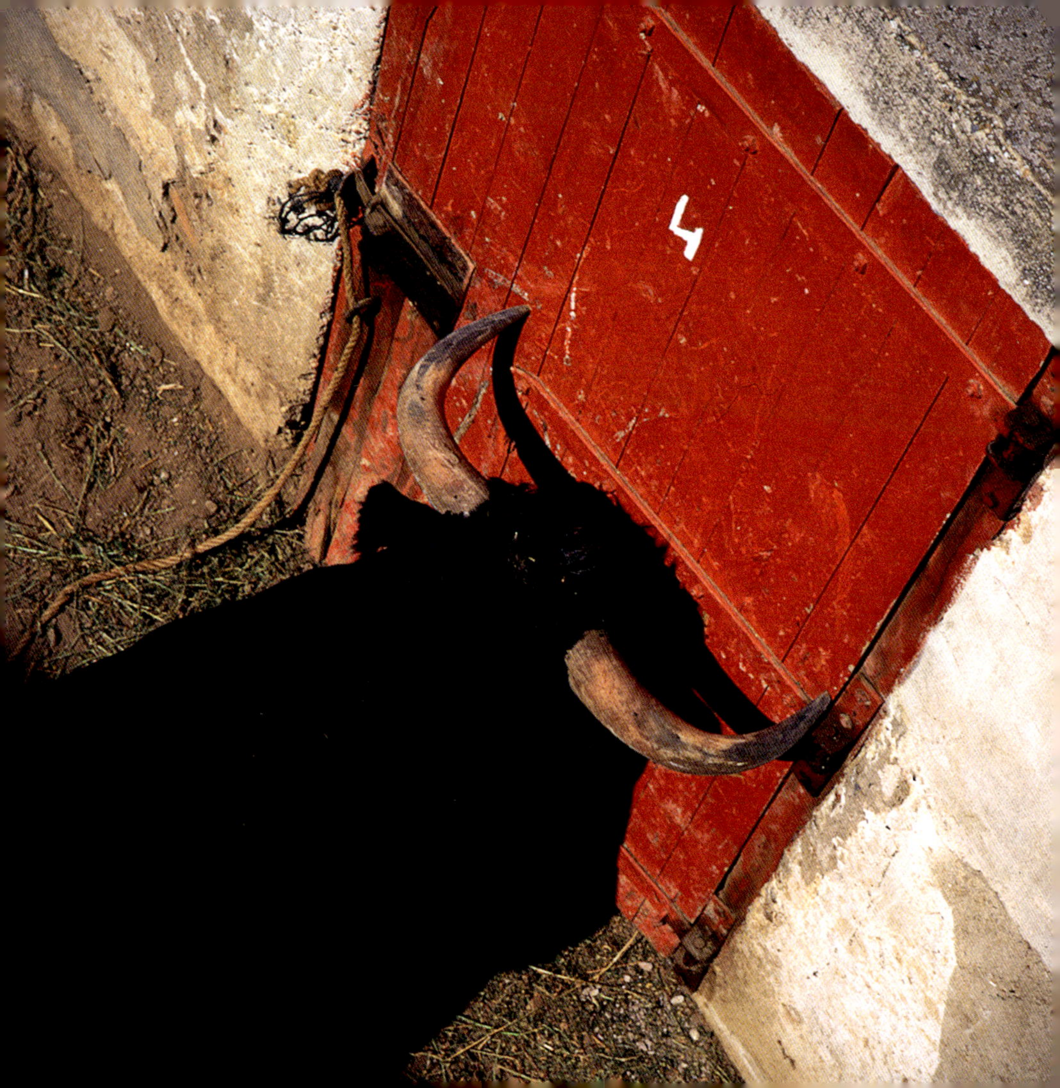

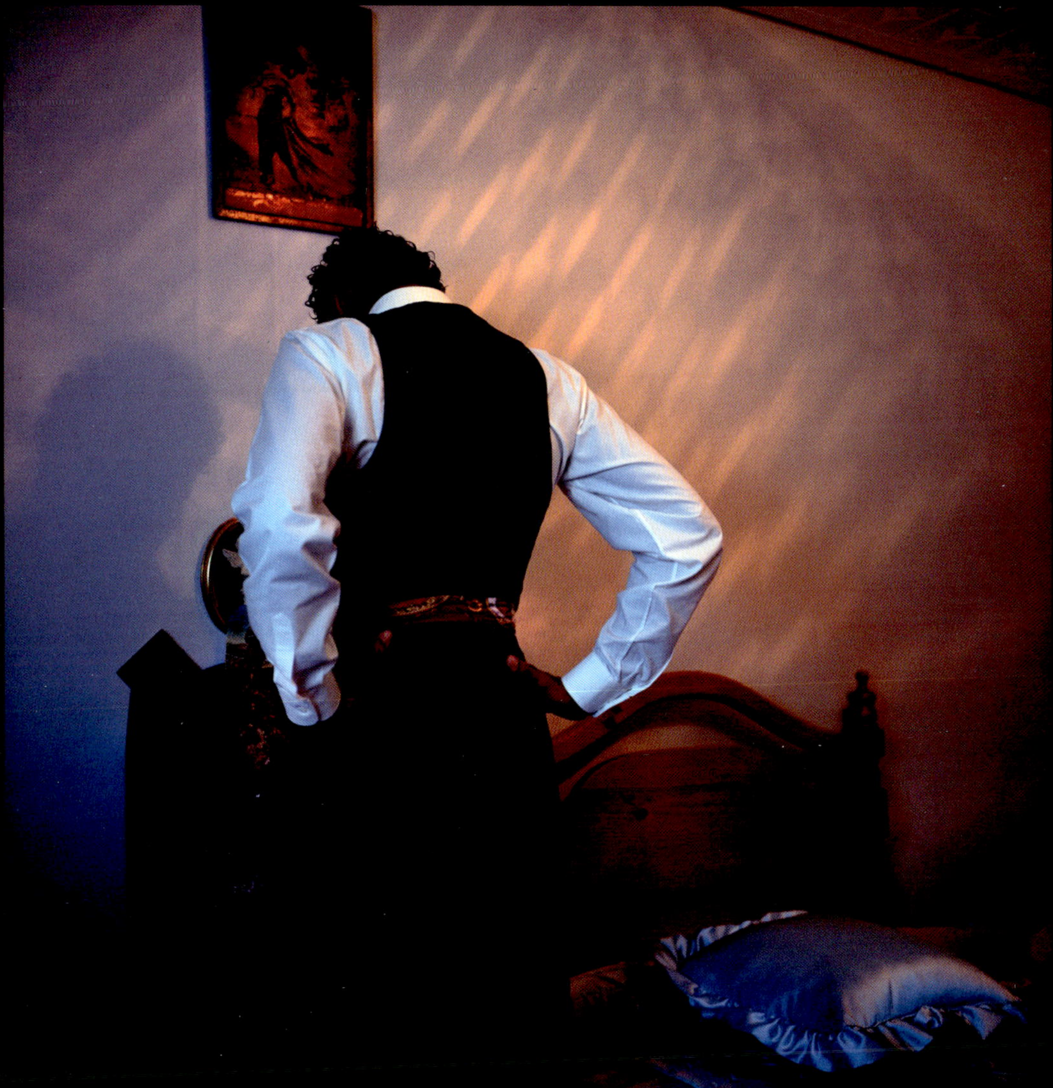

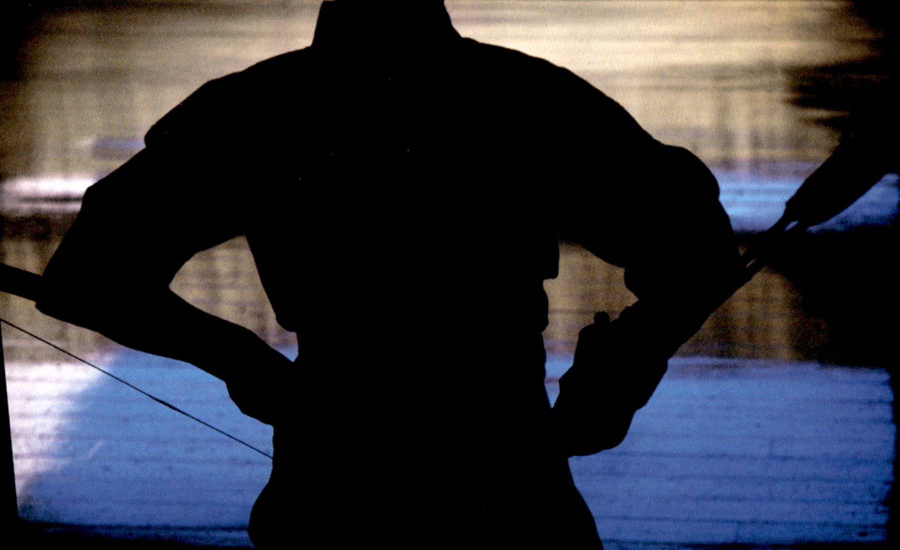

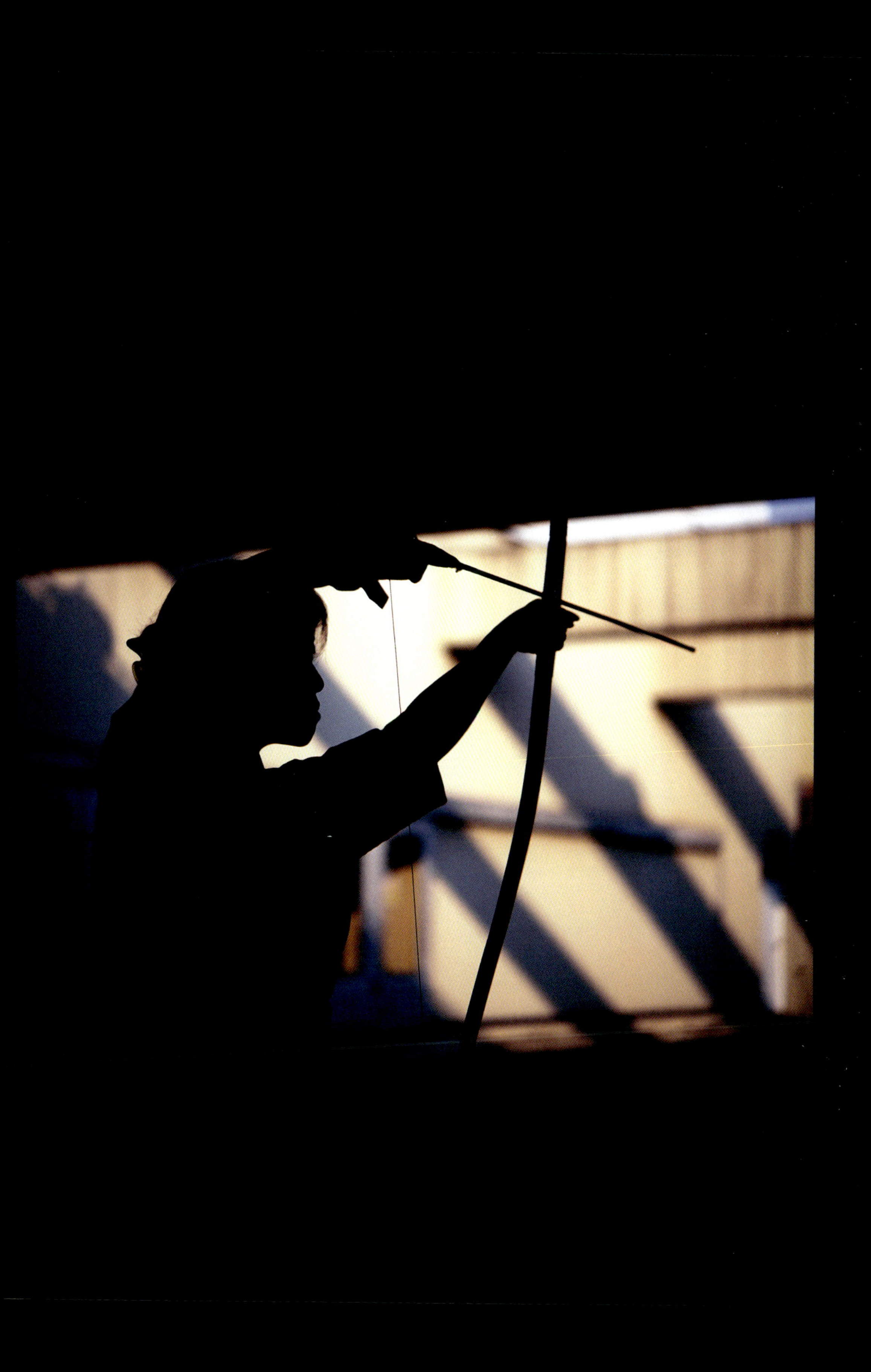

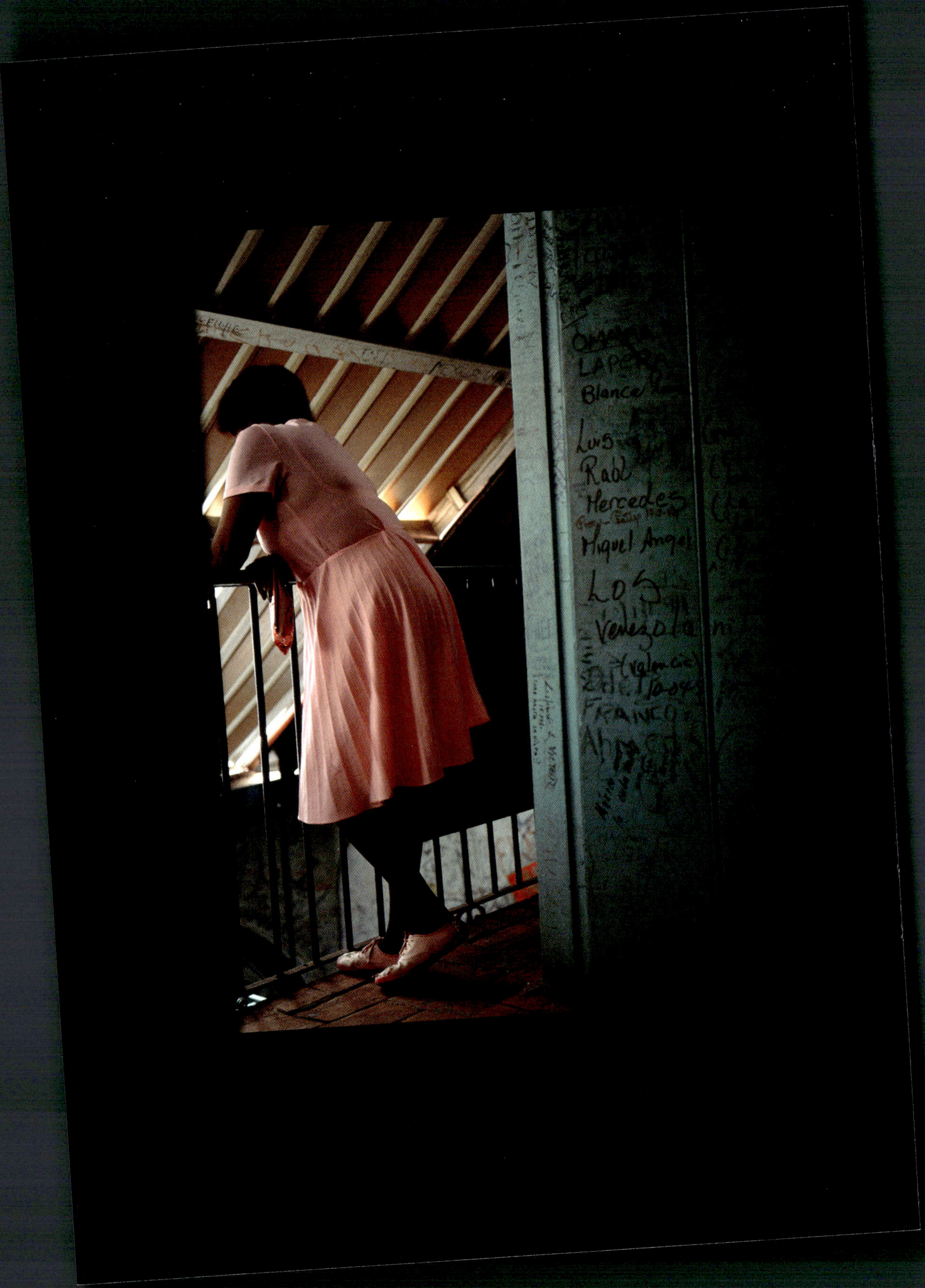
Blanca
Luis
Raúl
Mercedes
Miguel Angel

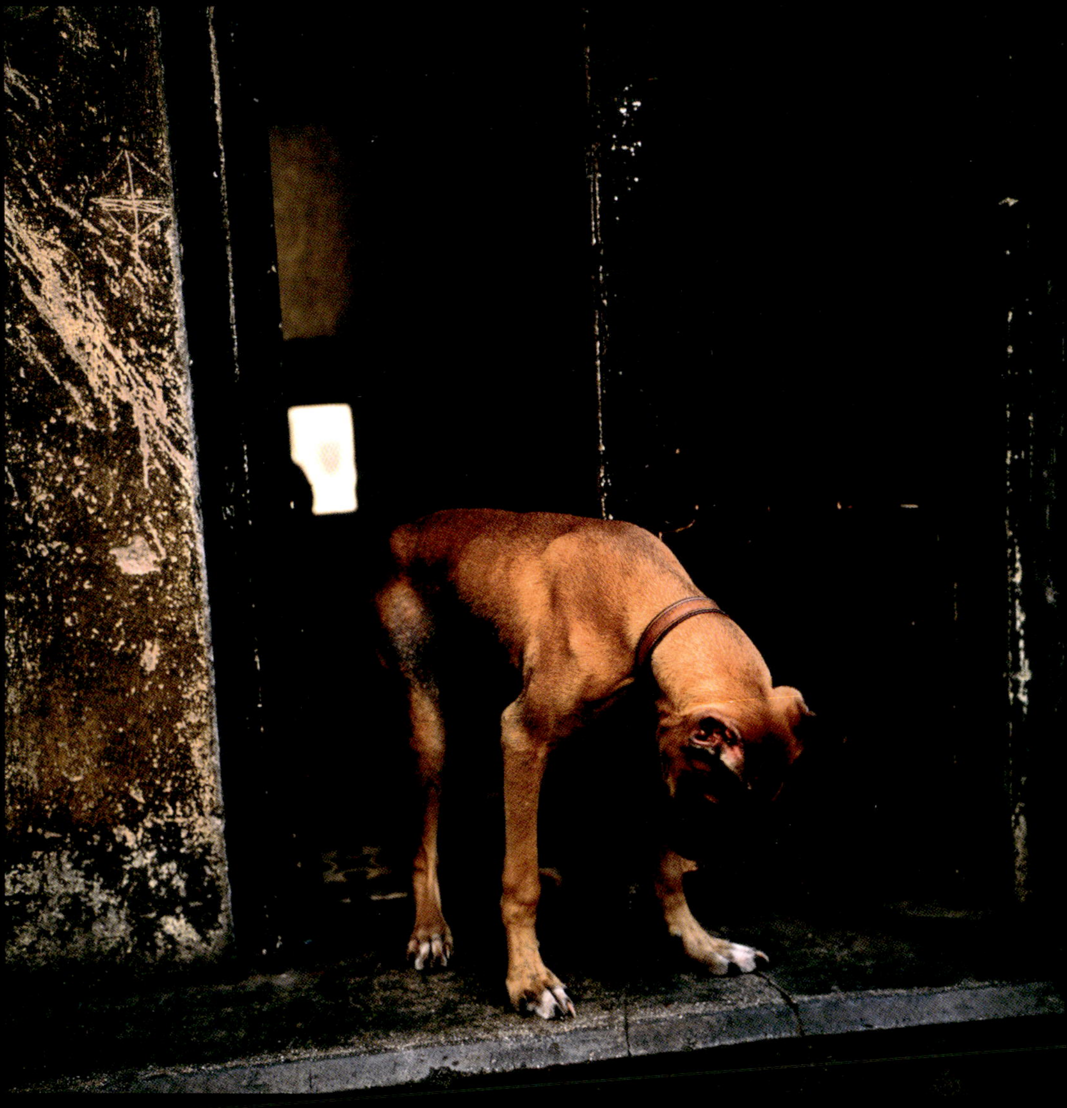

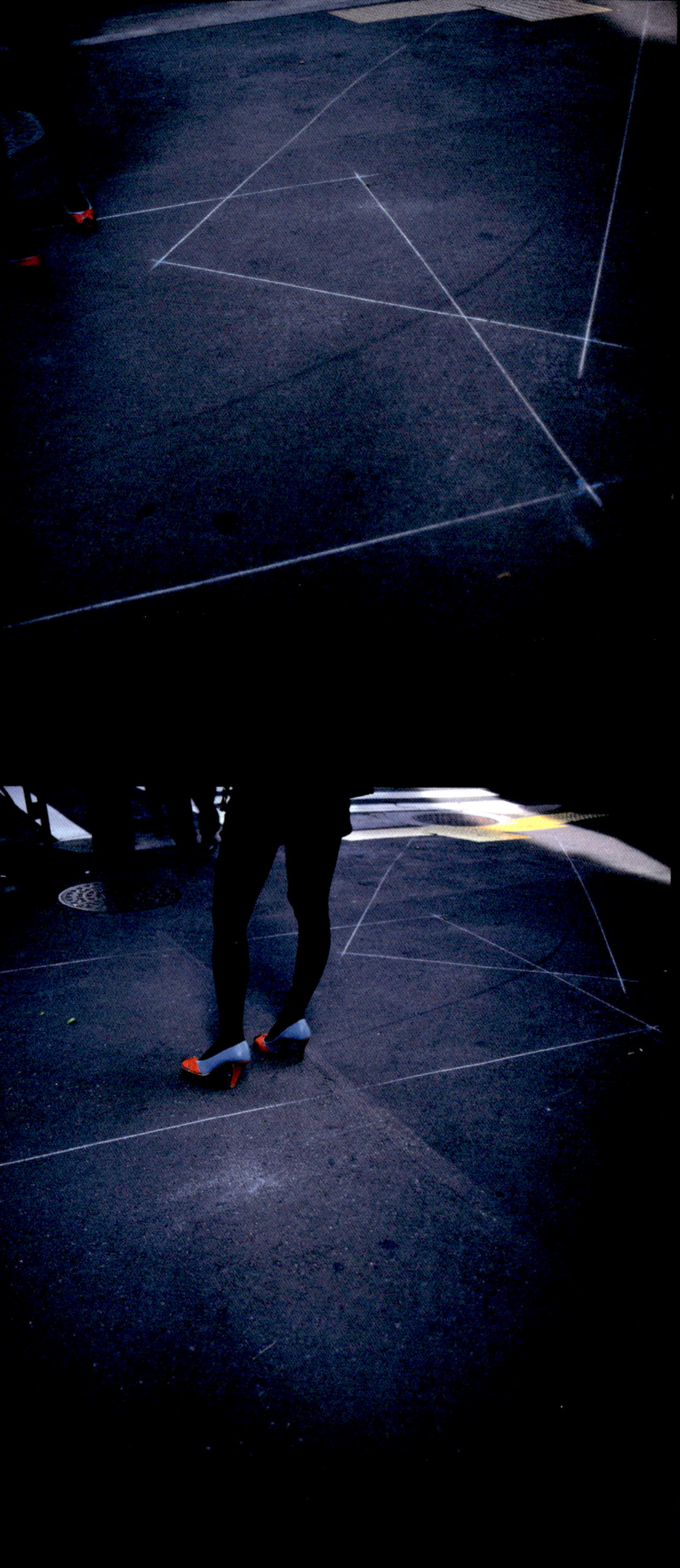

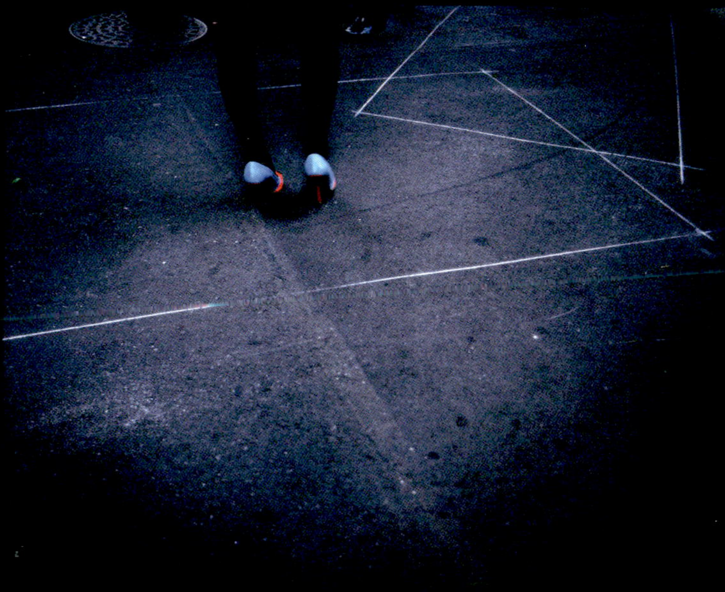

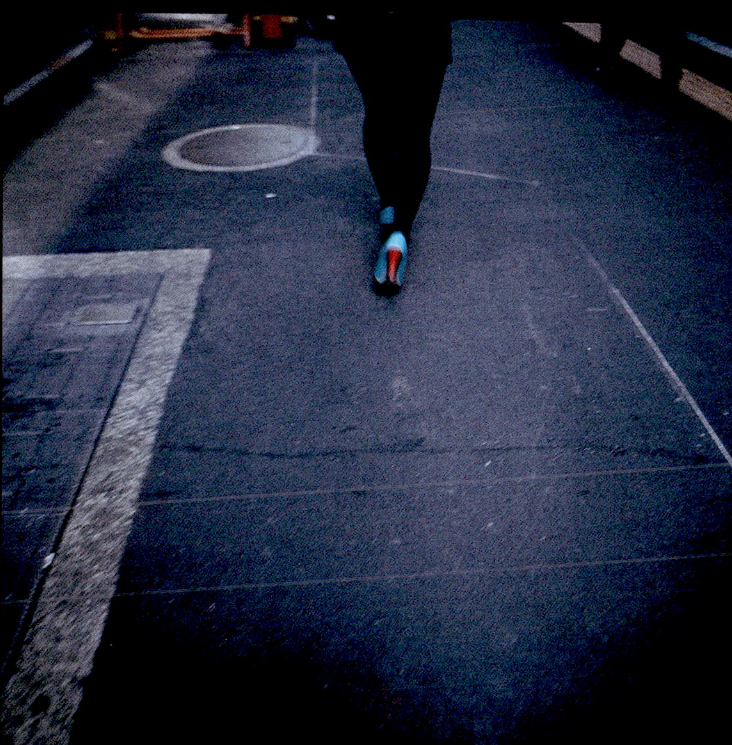

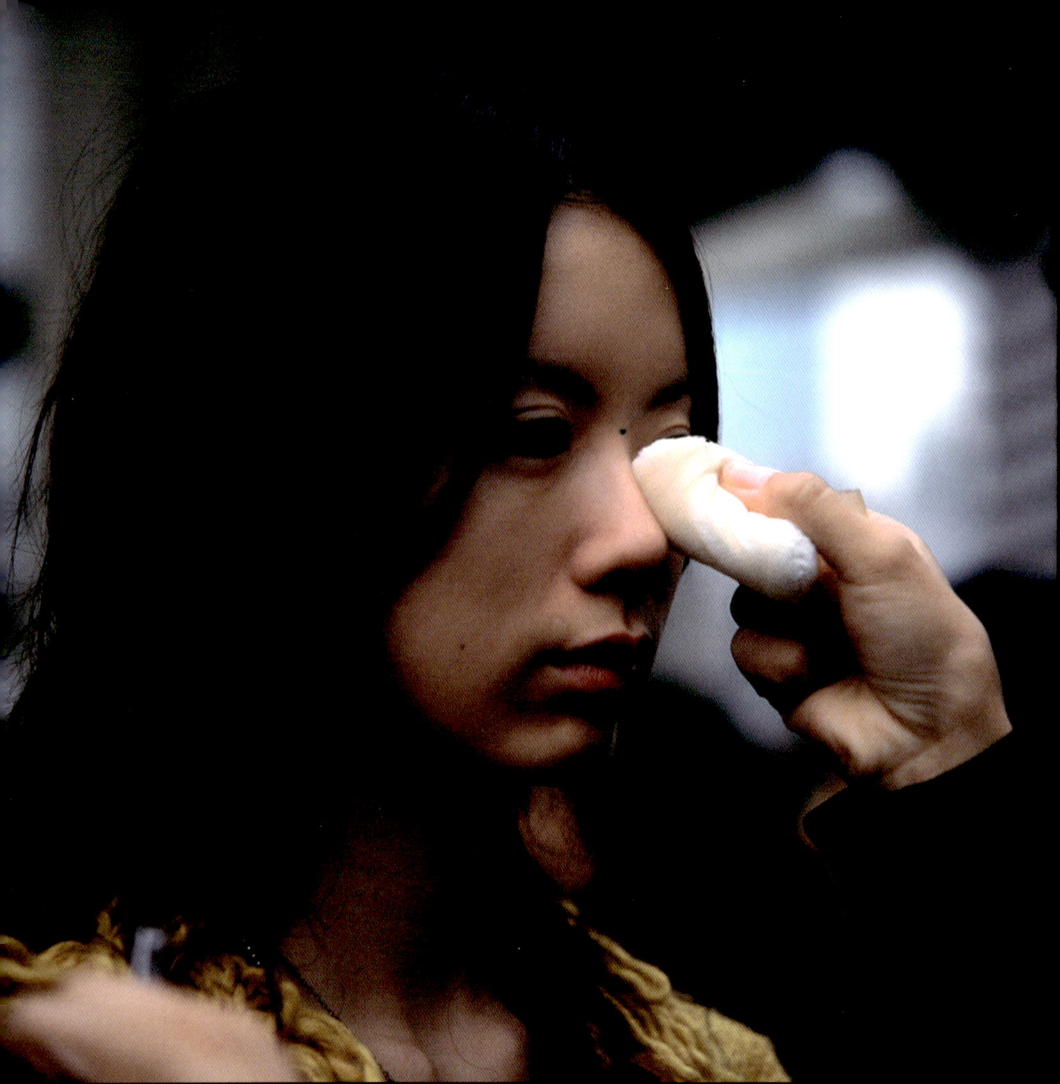

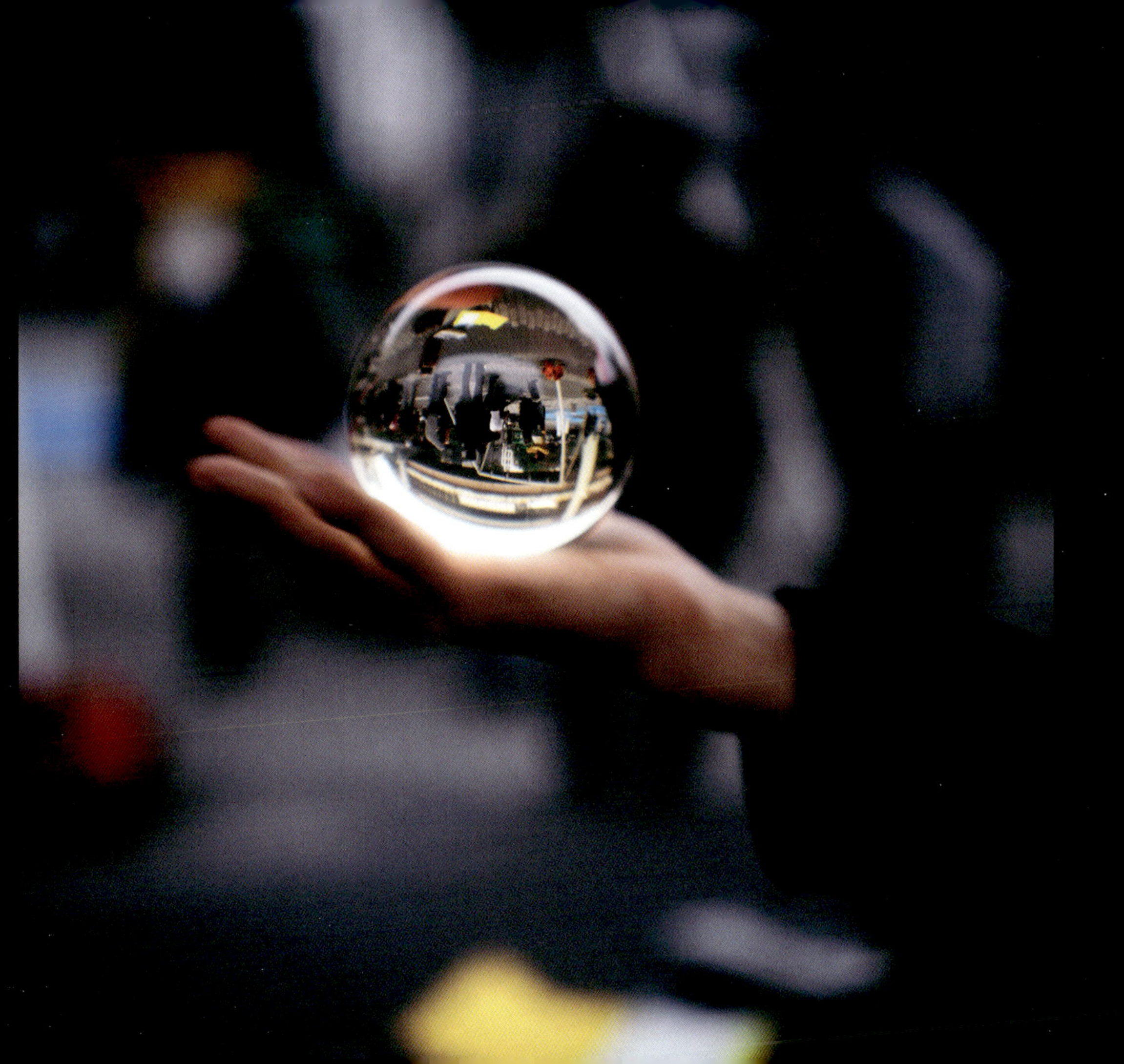

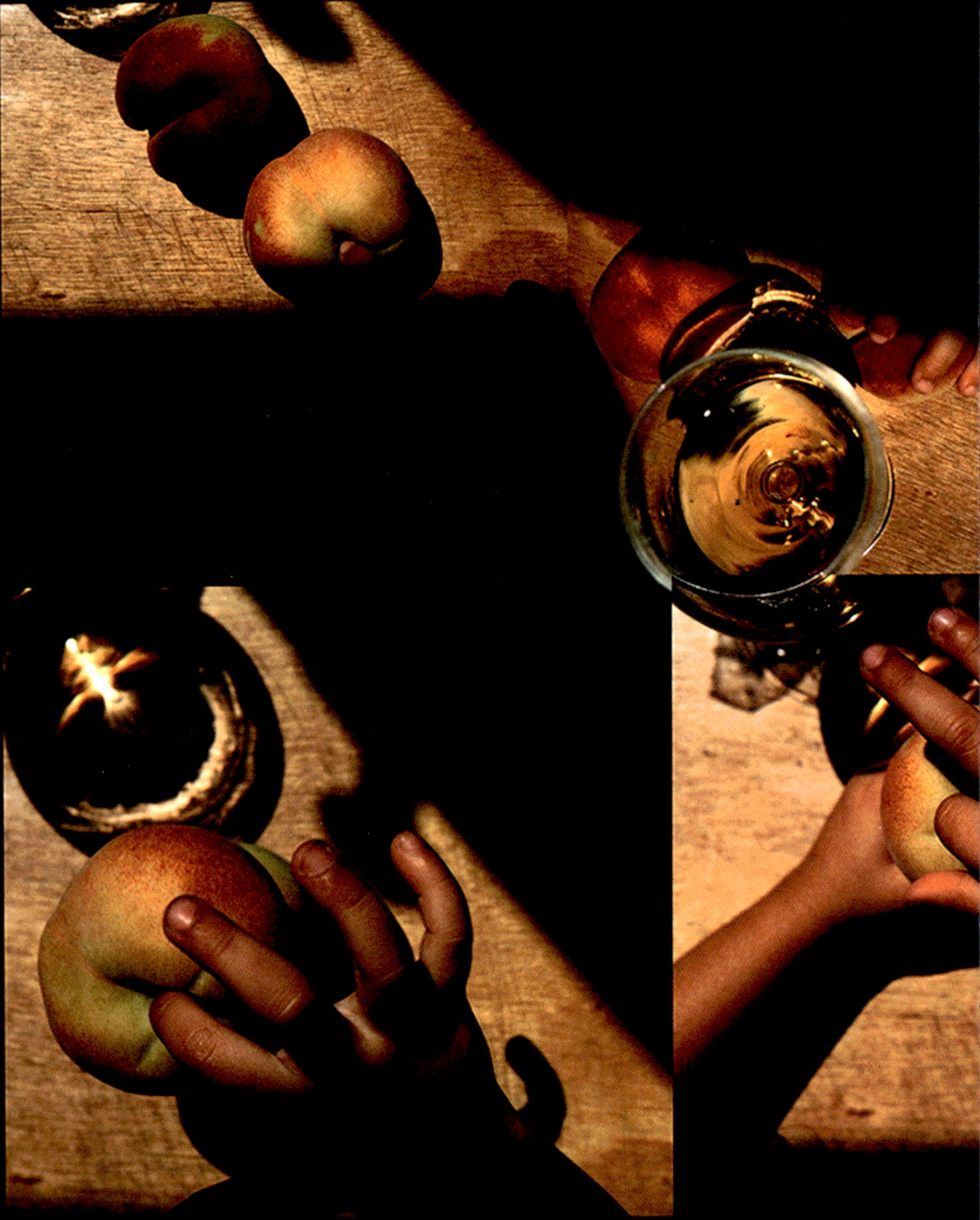

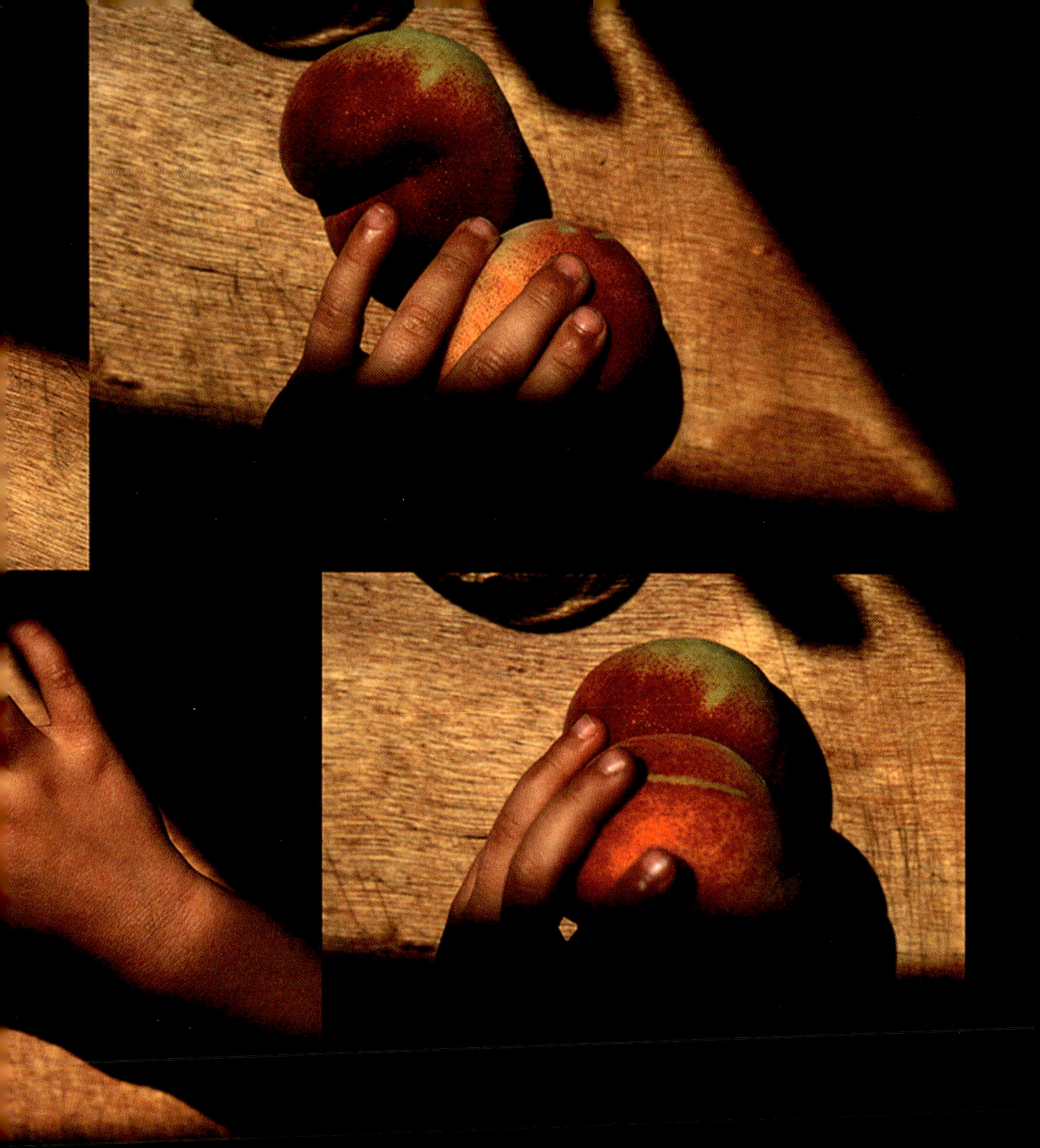

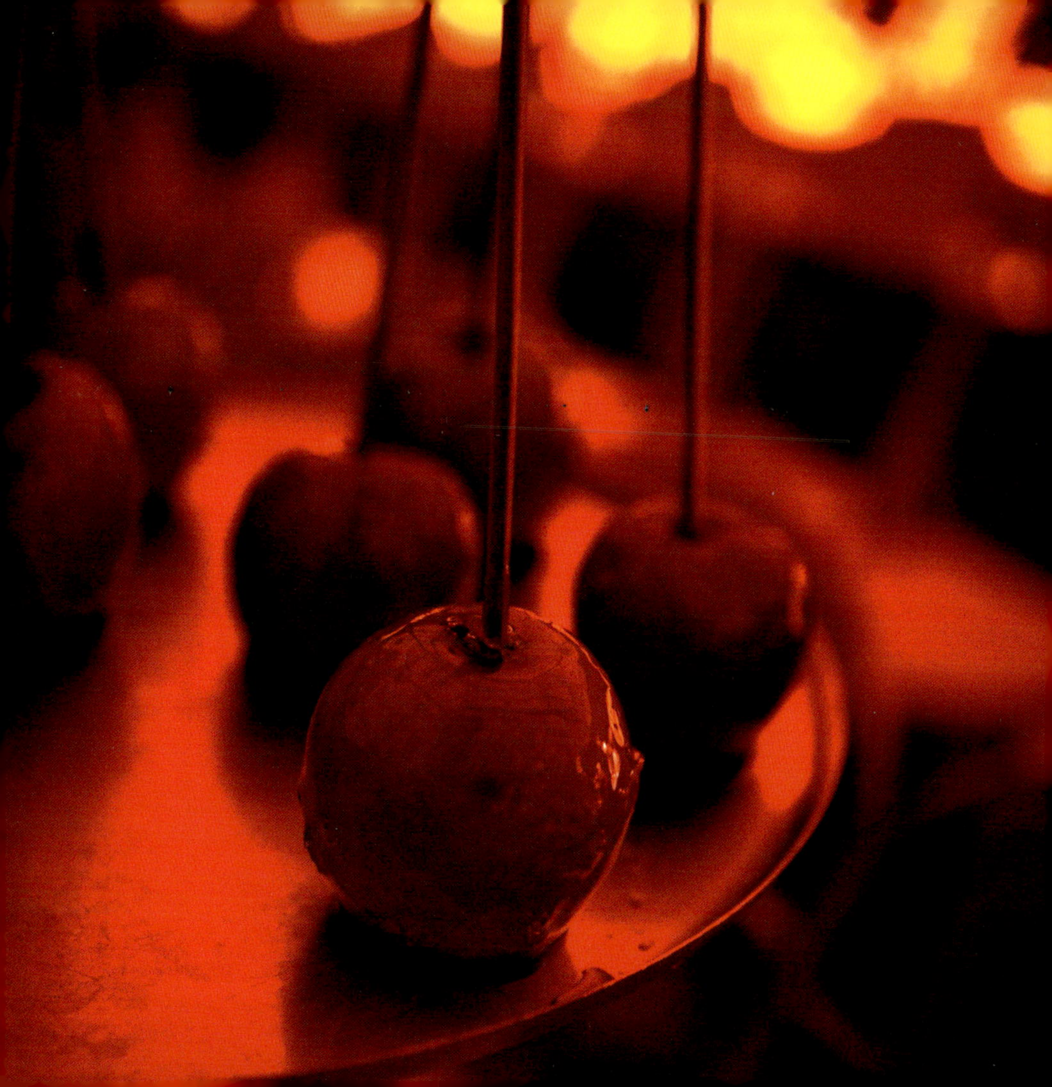

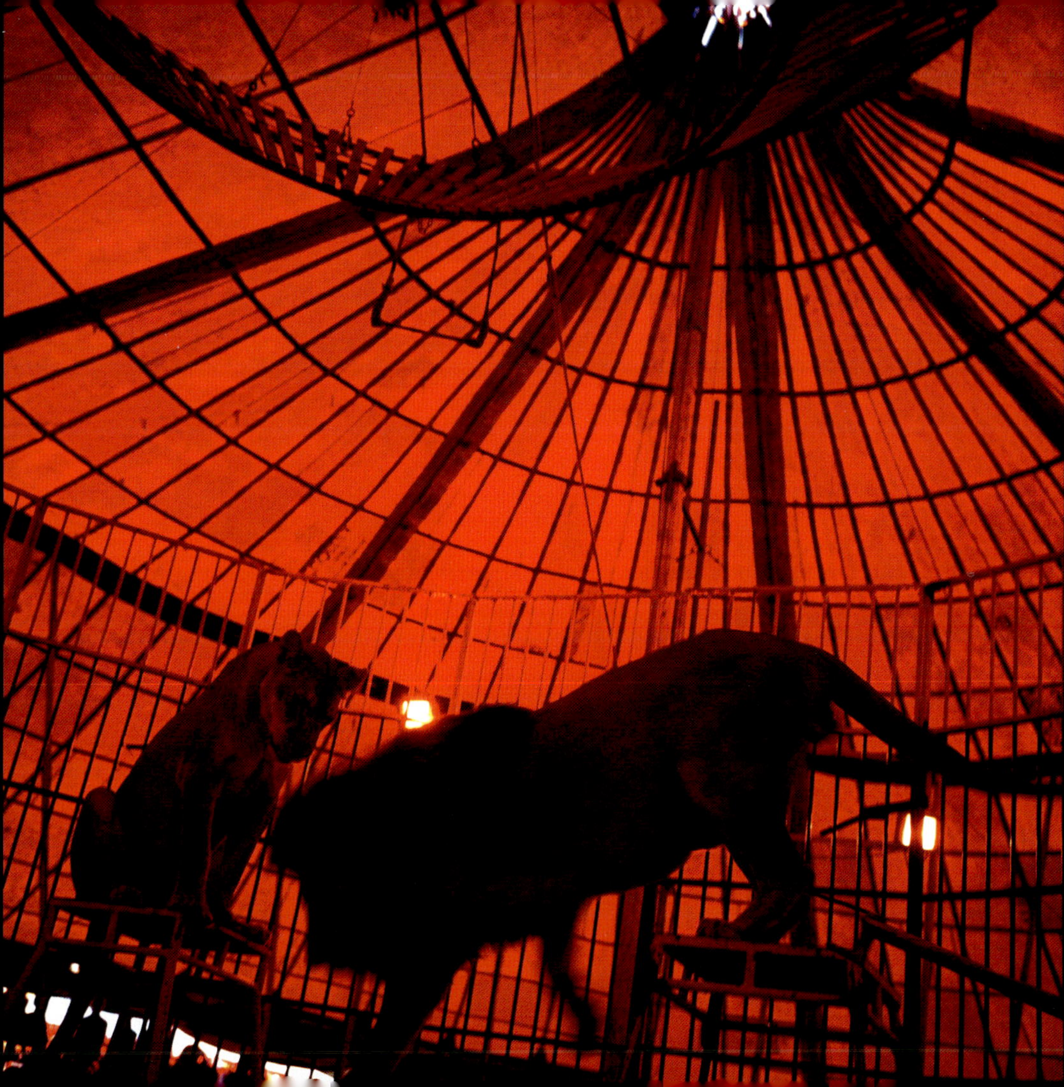

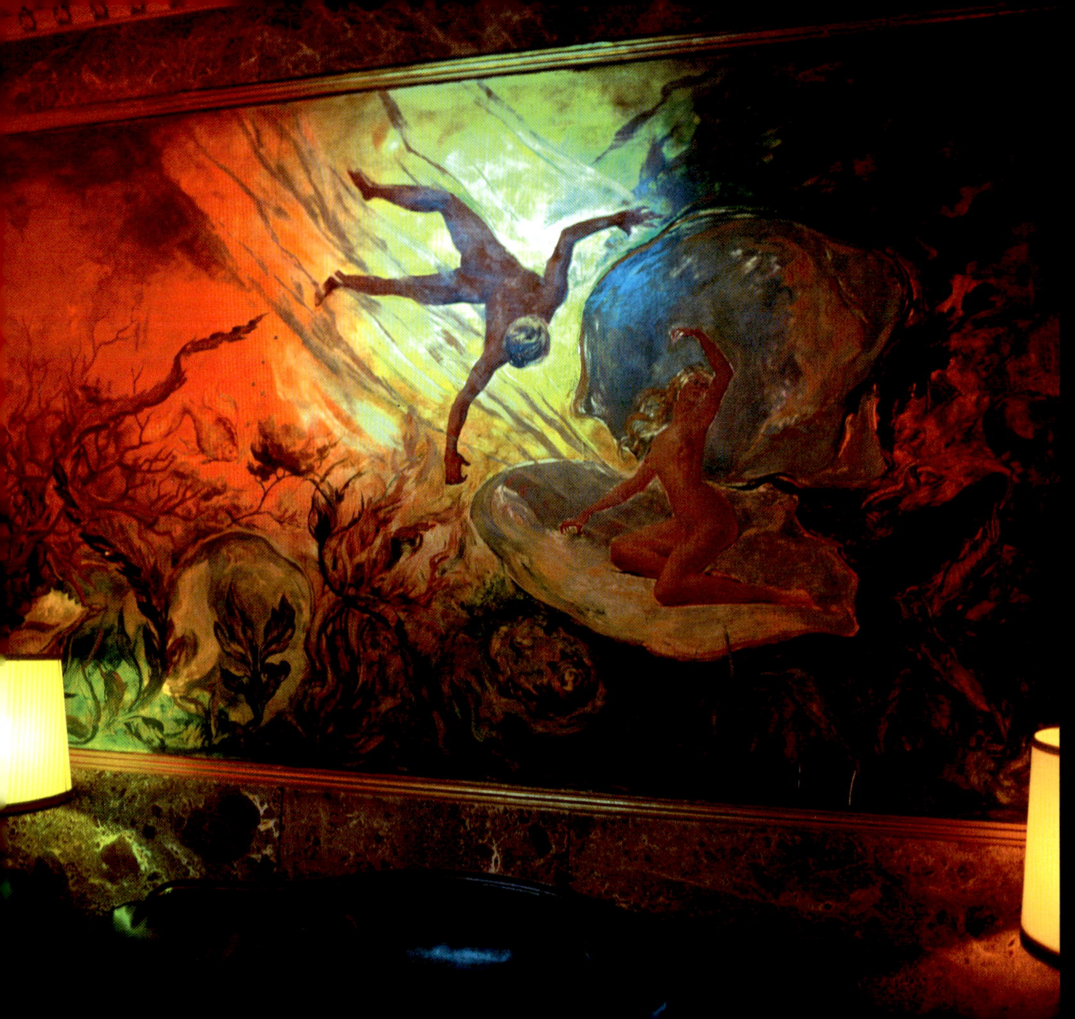

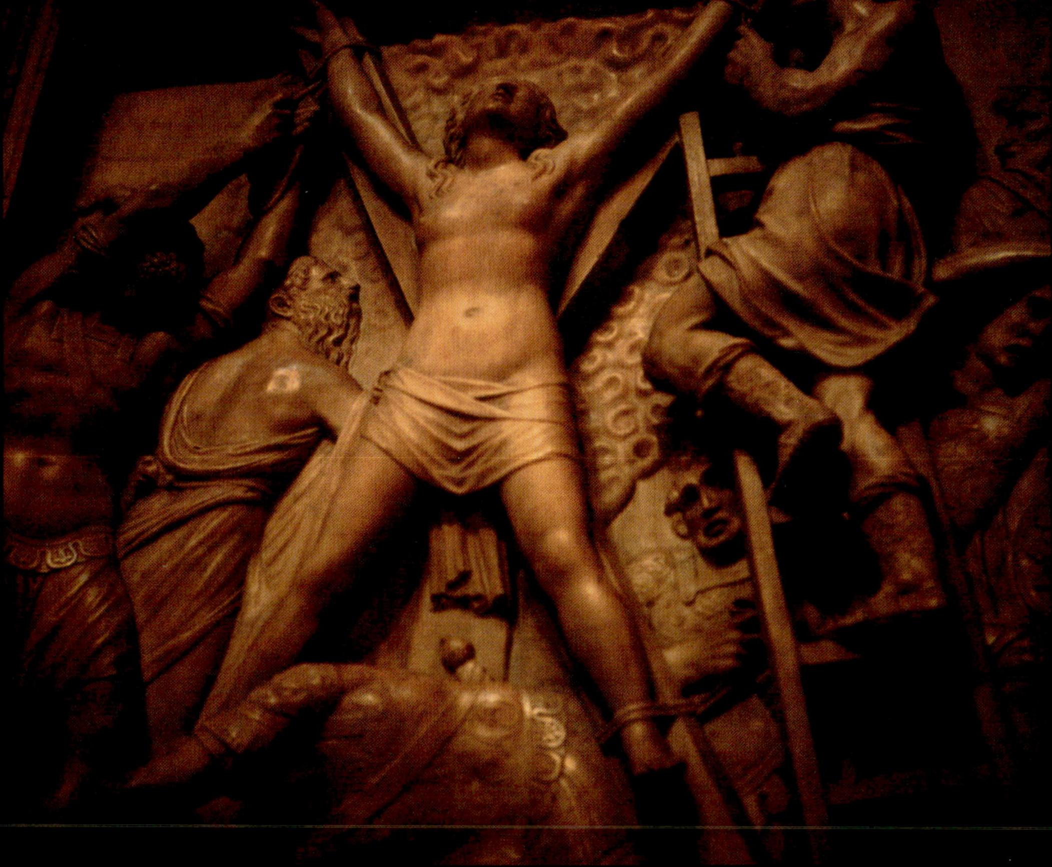

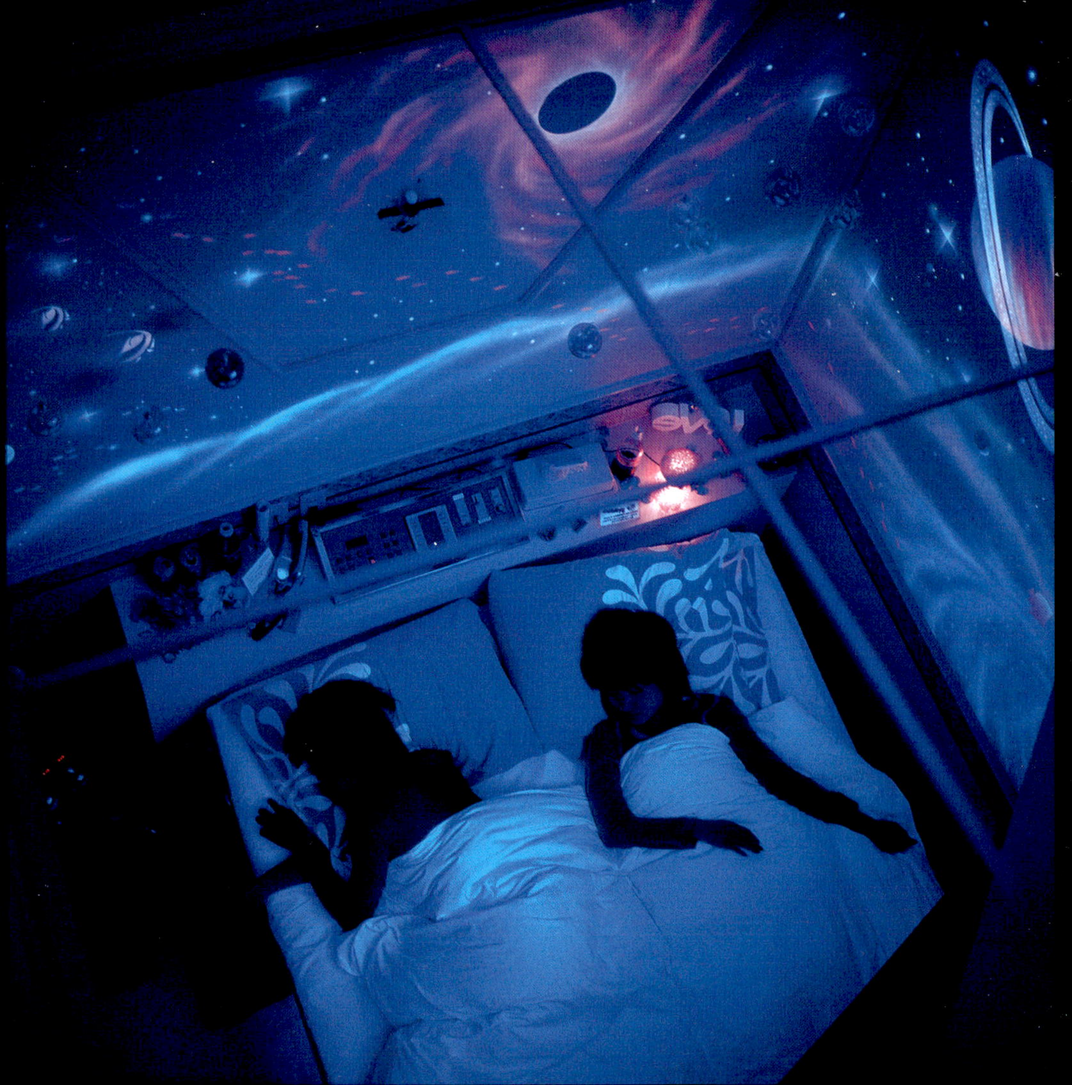

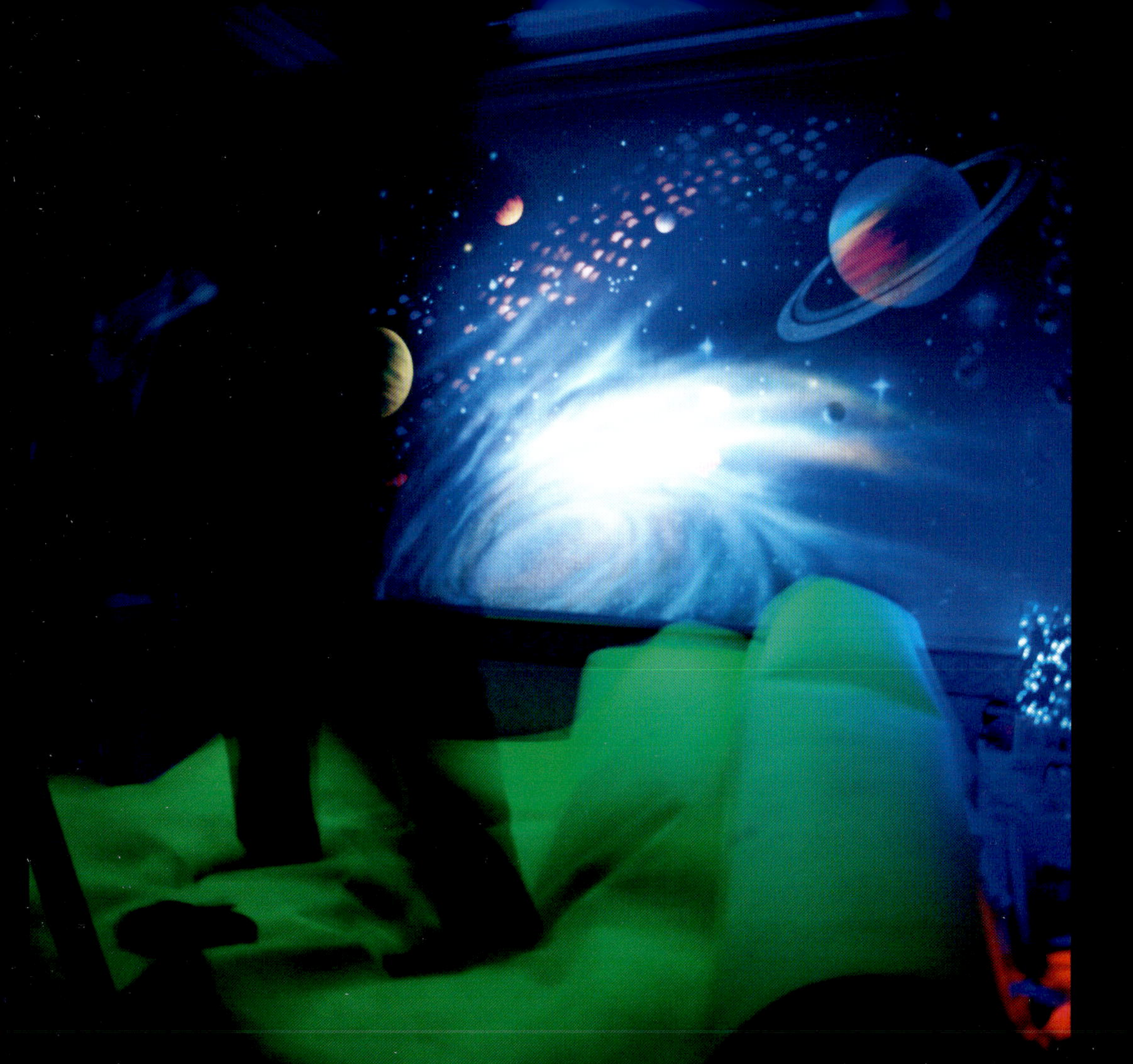

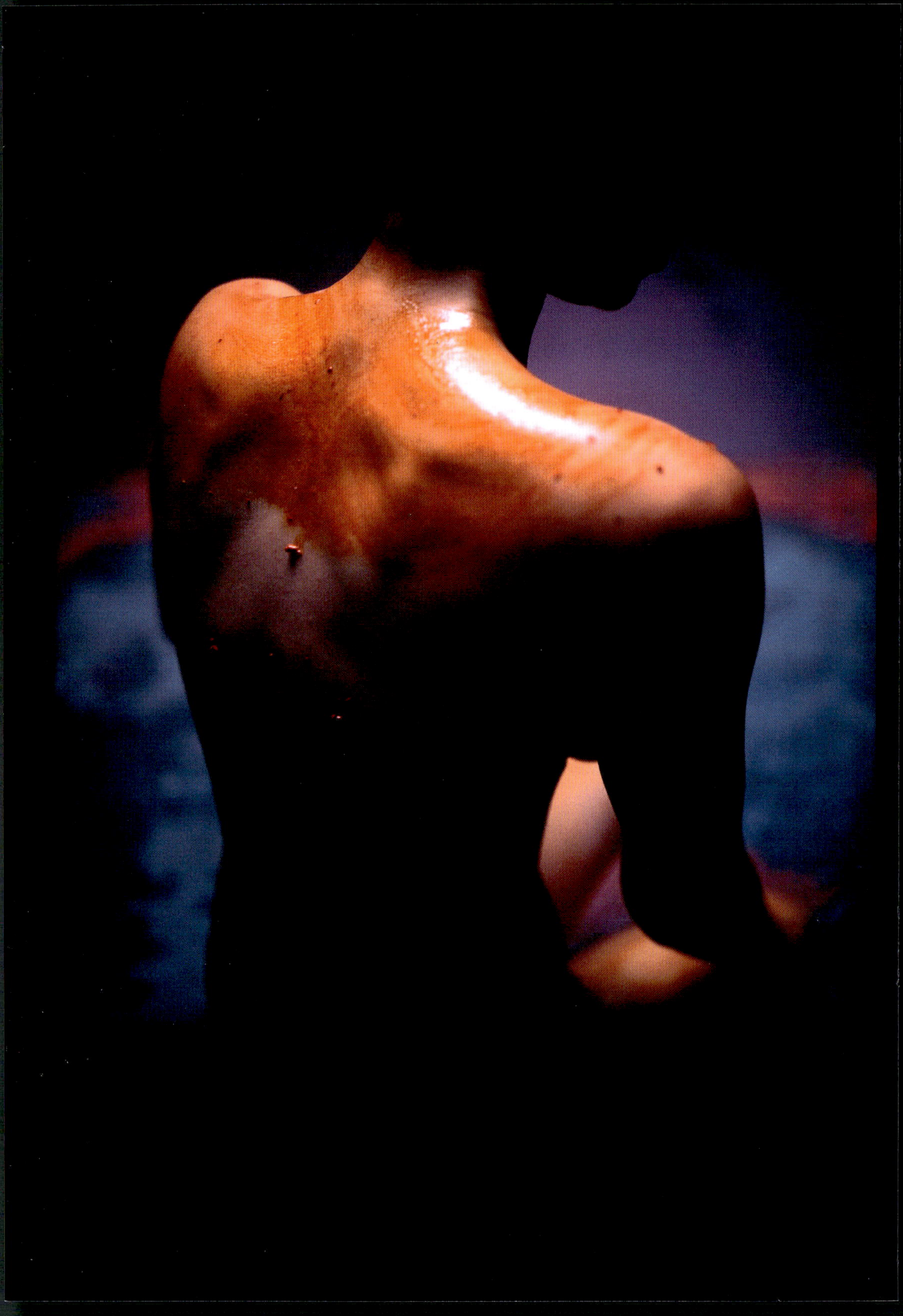

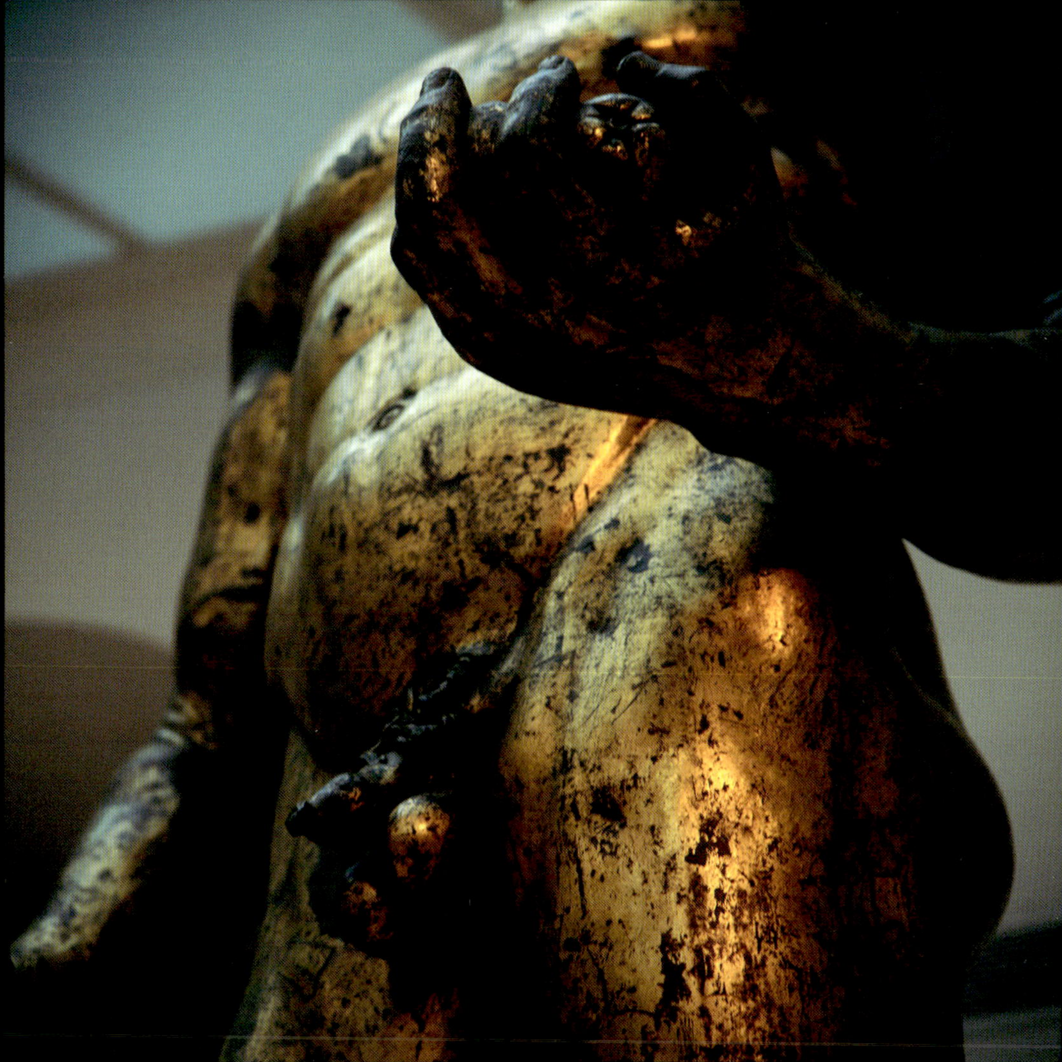

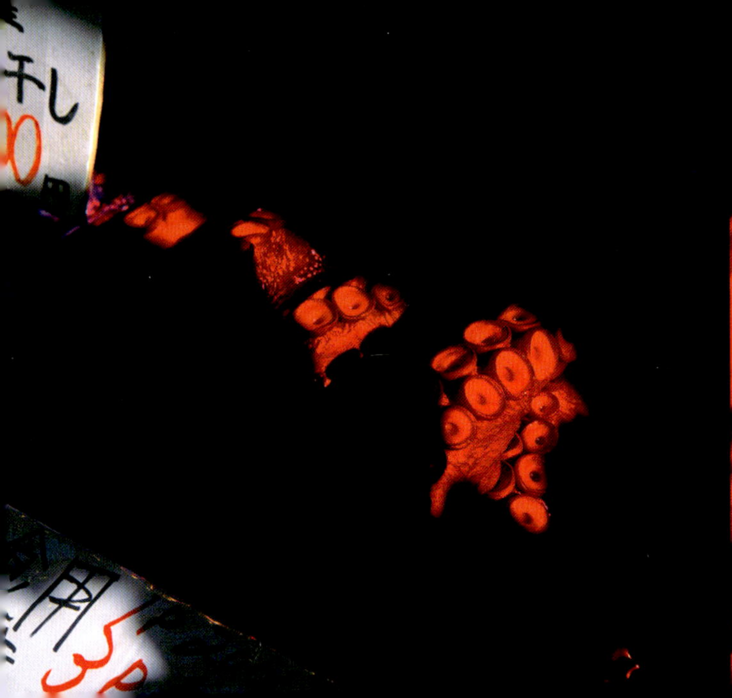
干し
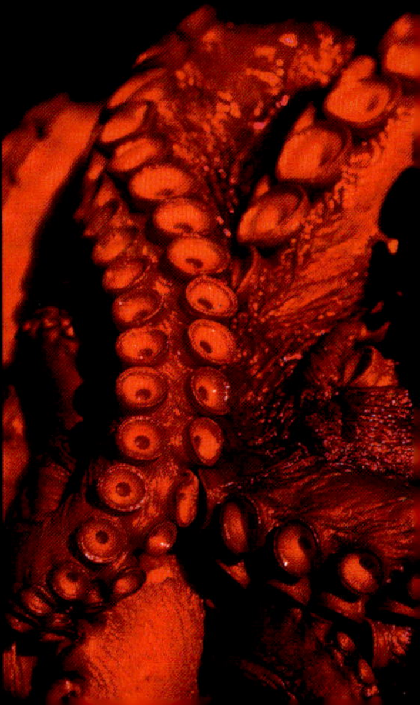

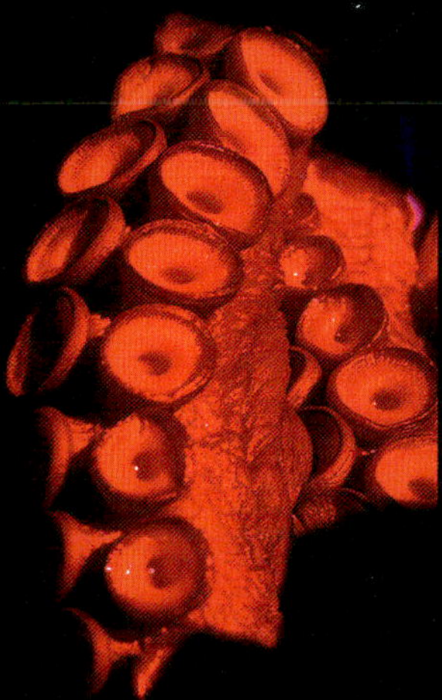

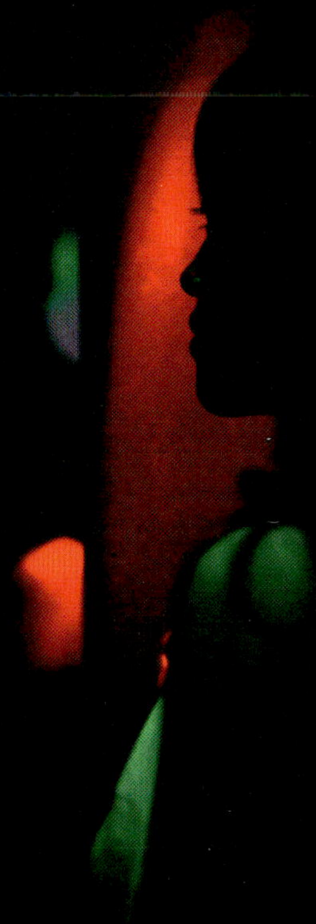

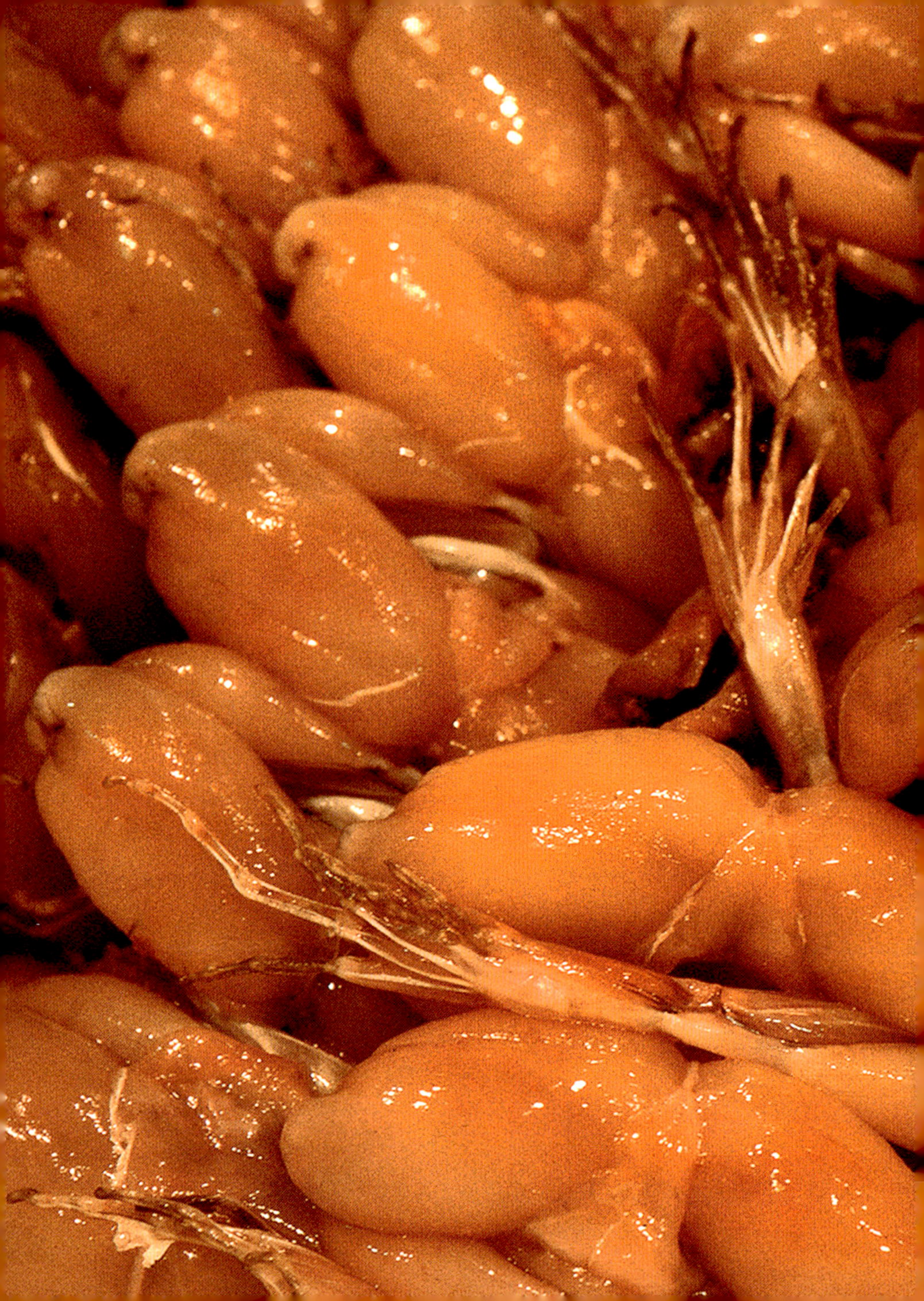

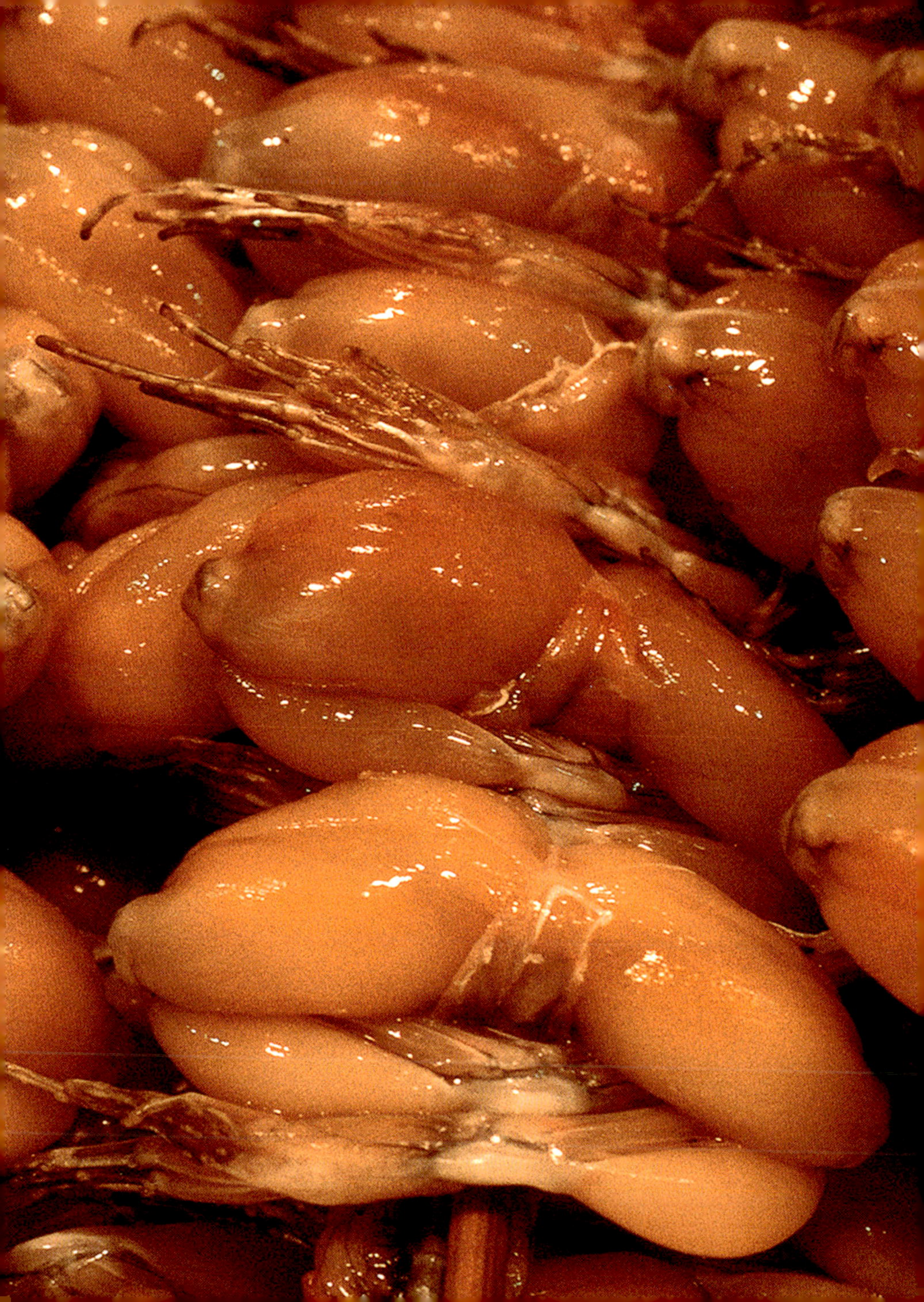

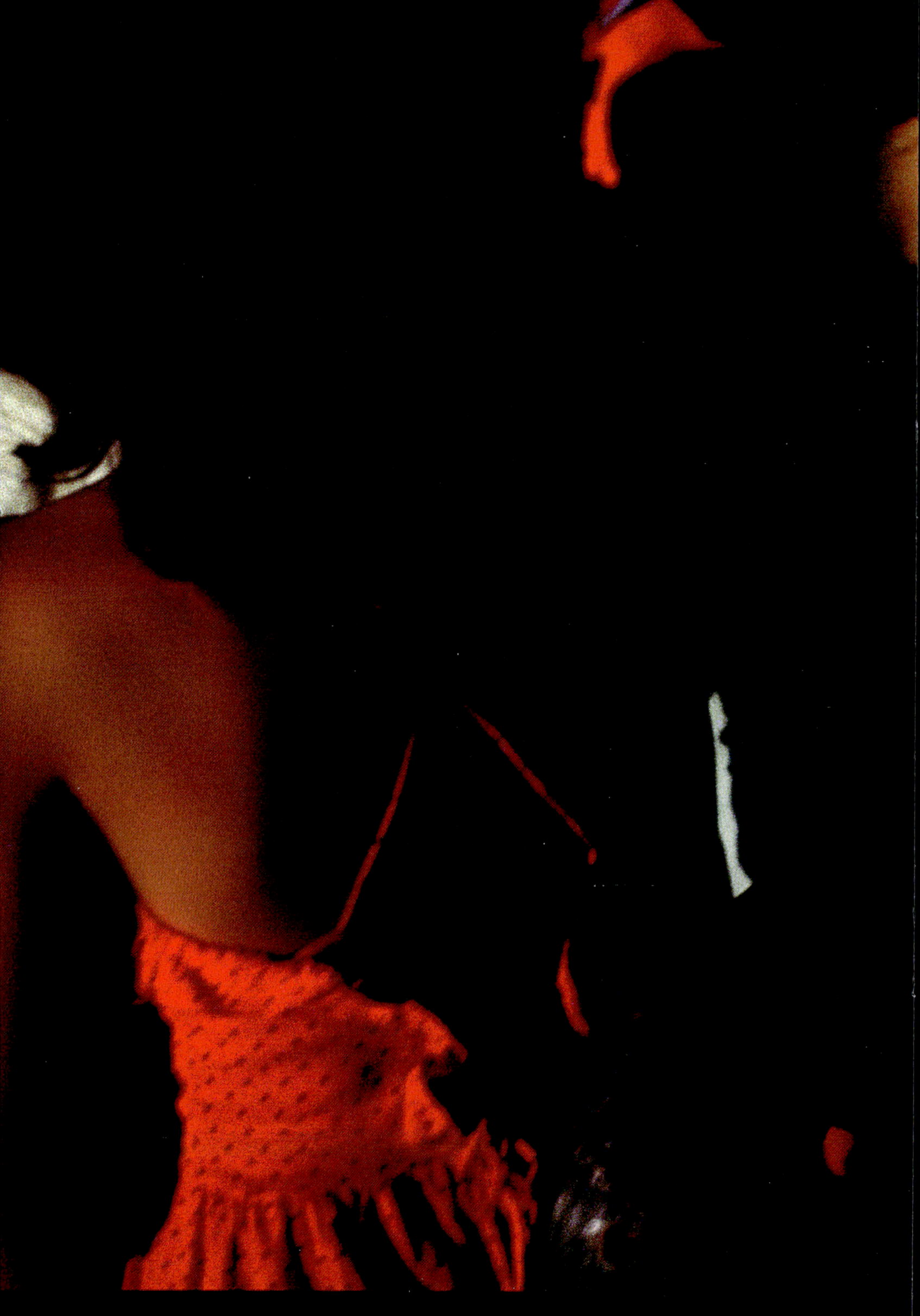

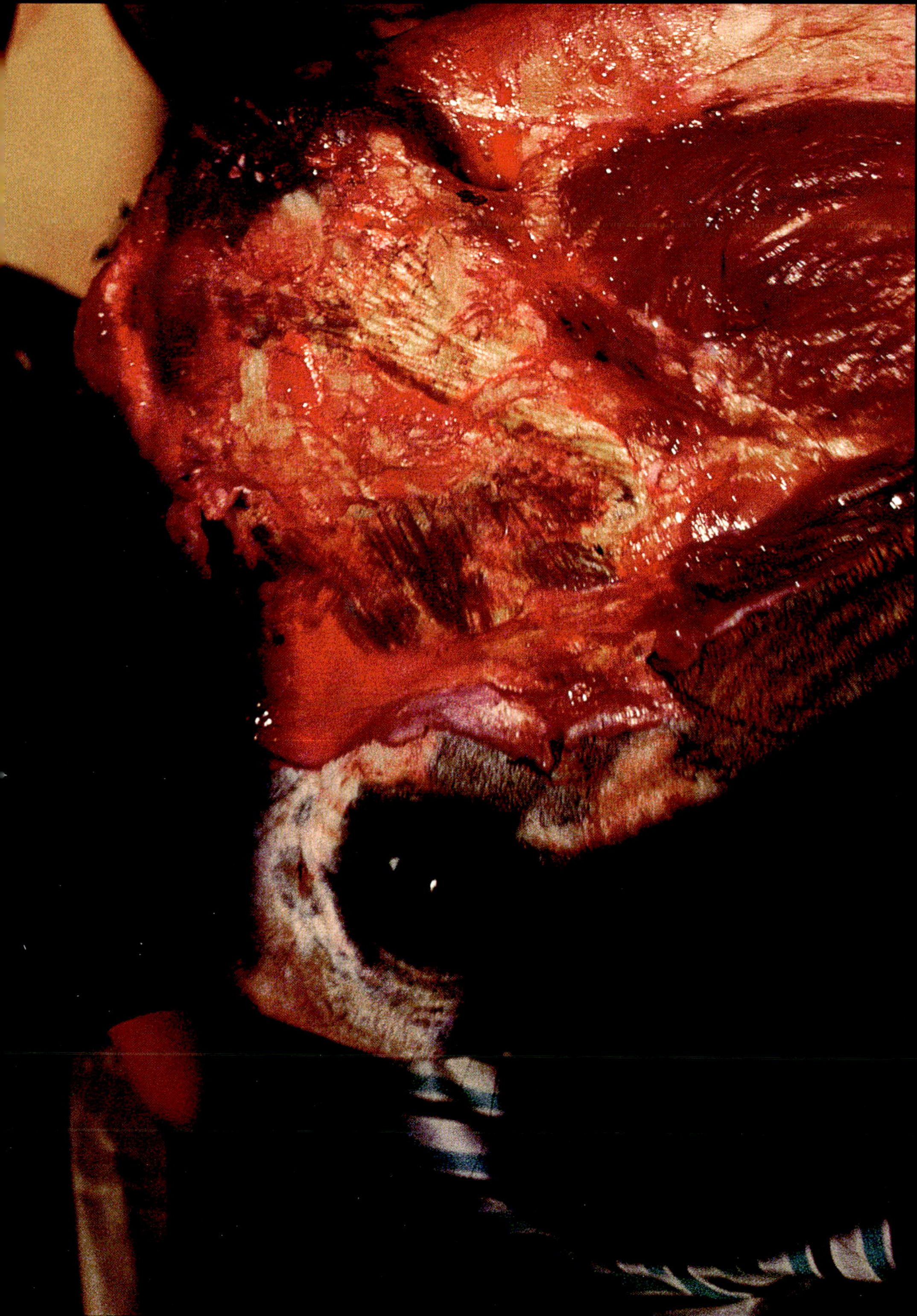

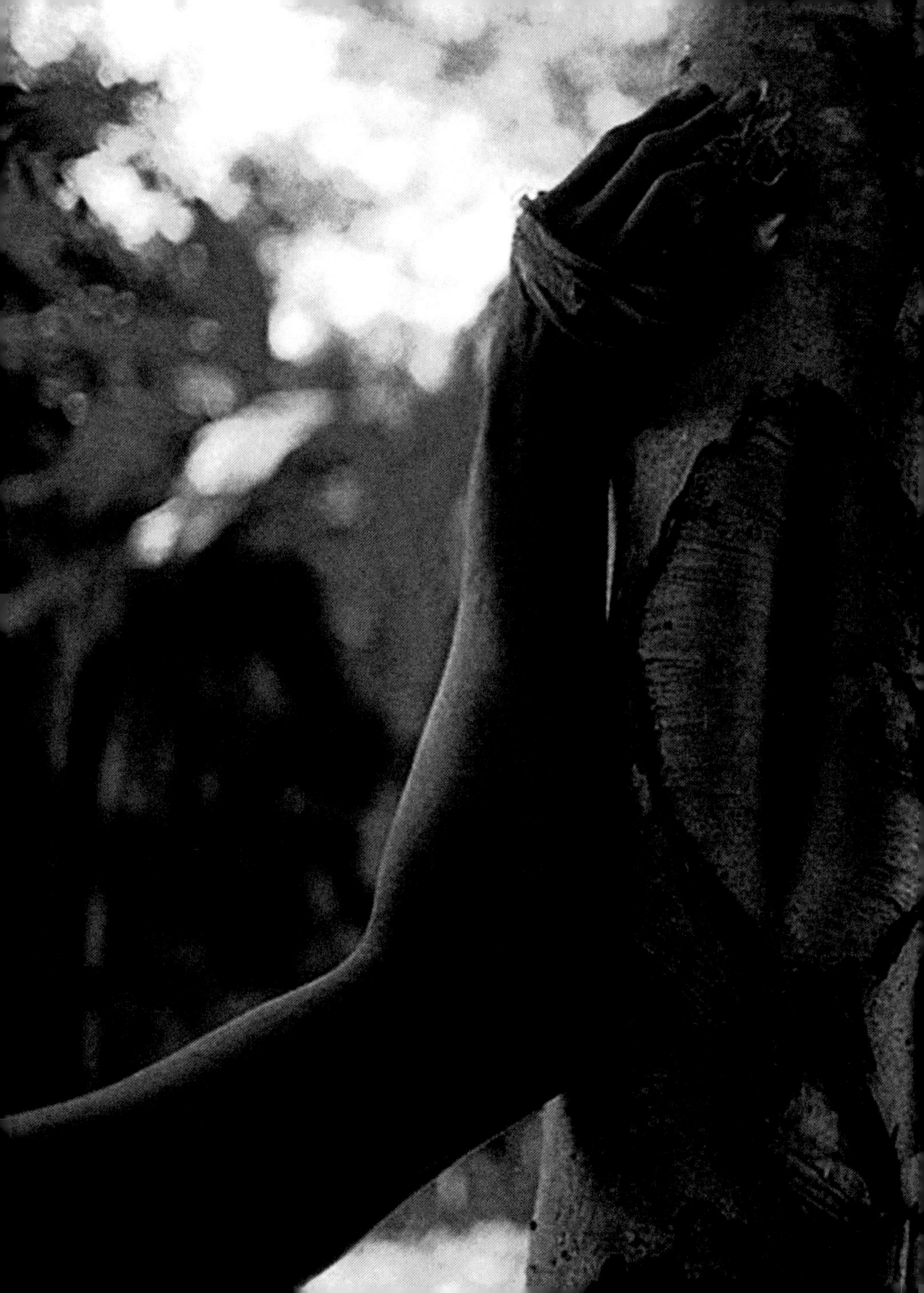

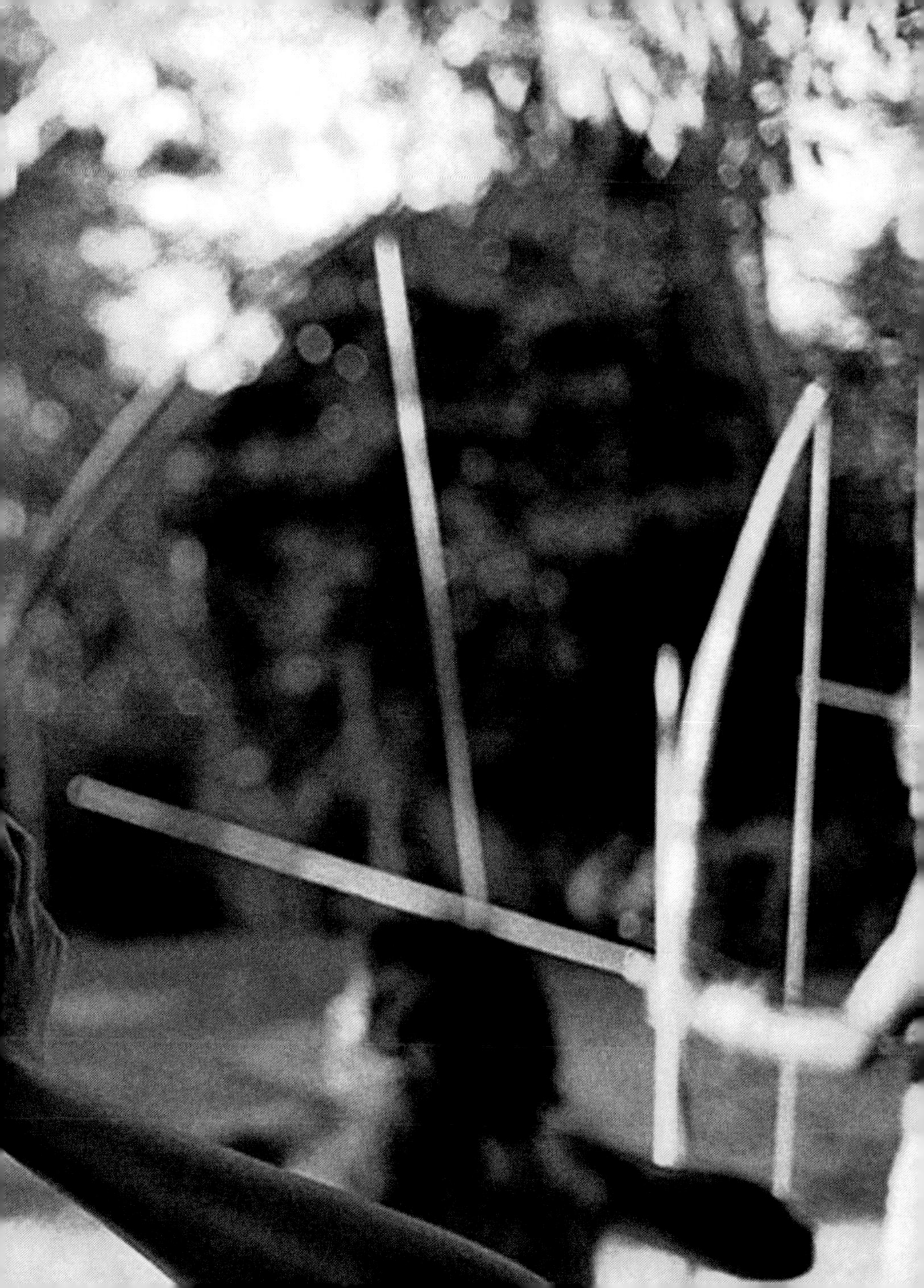

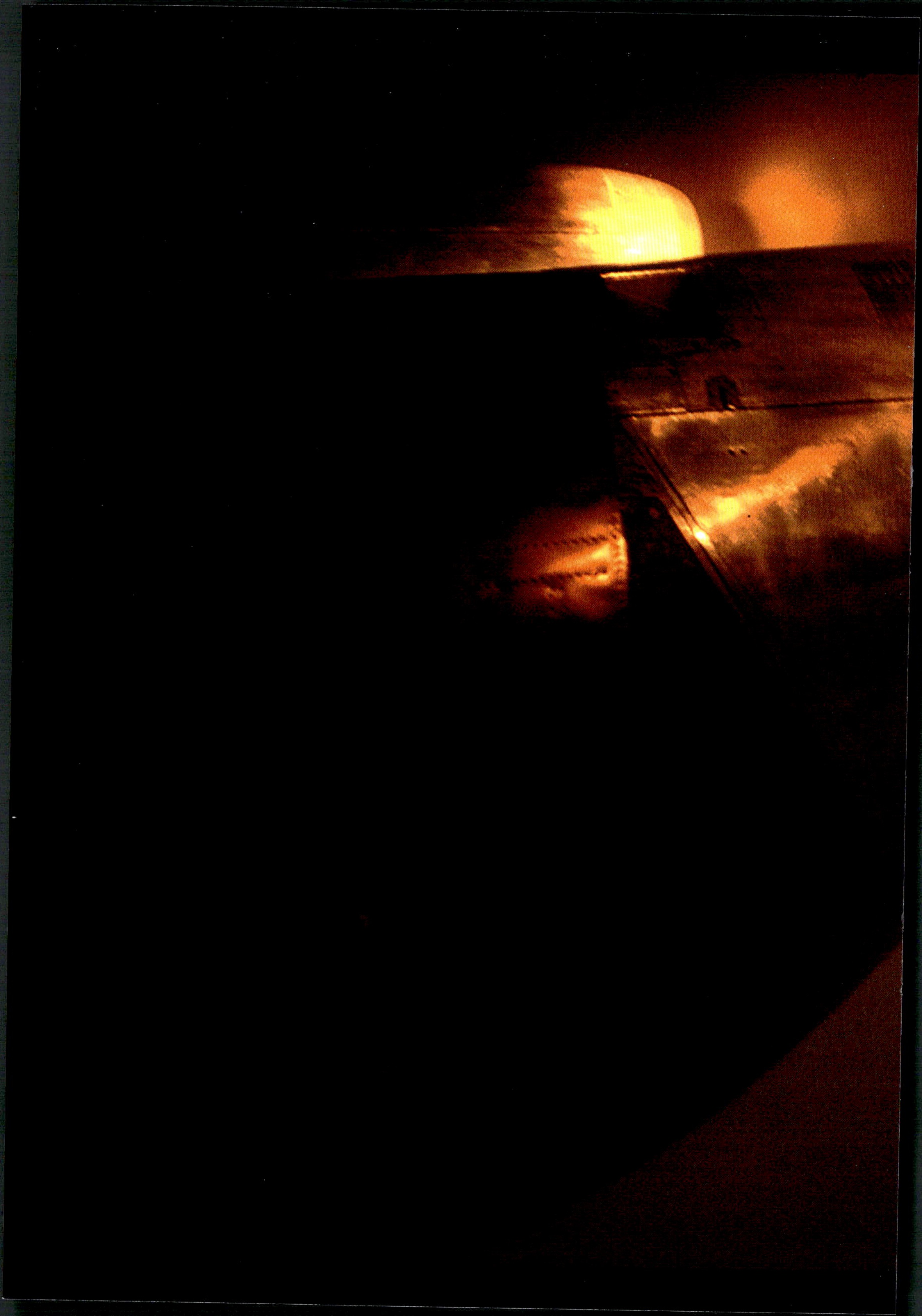

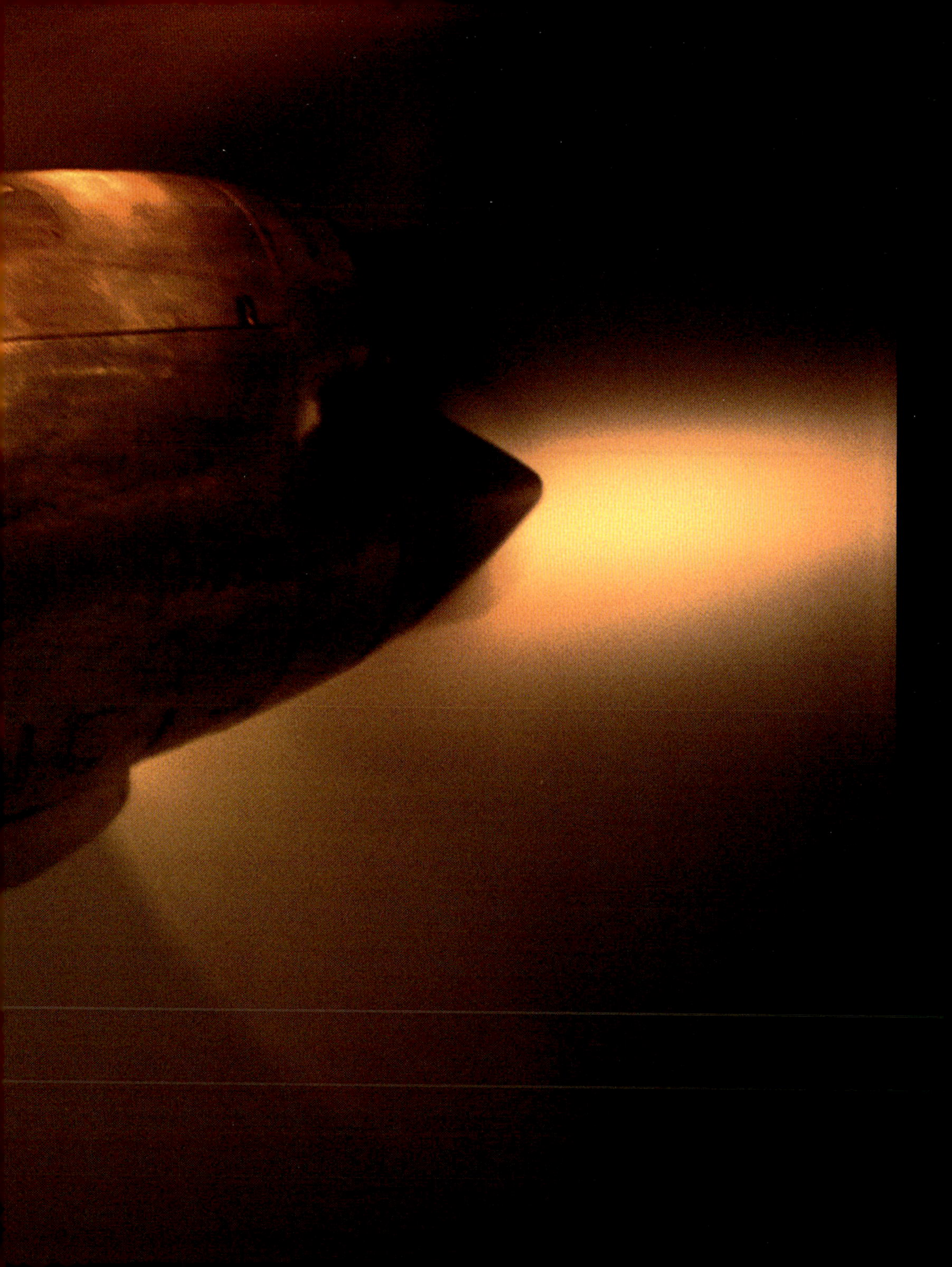

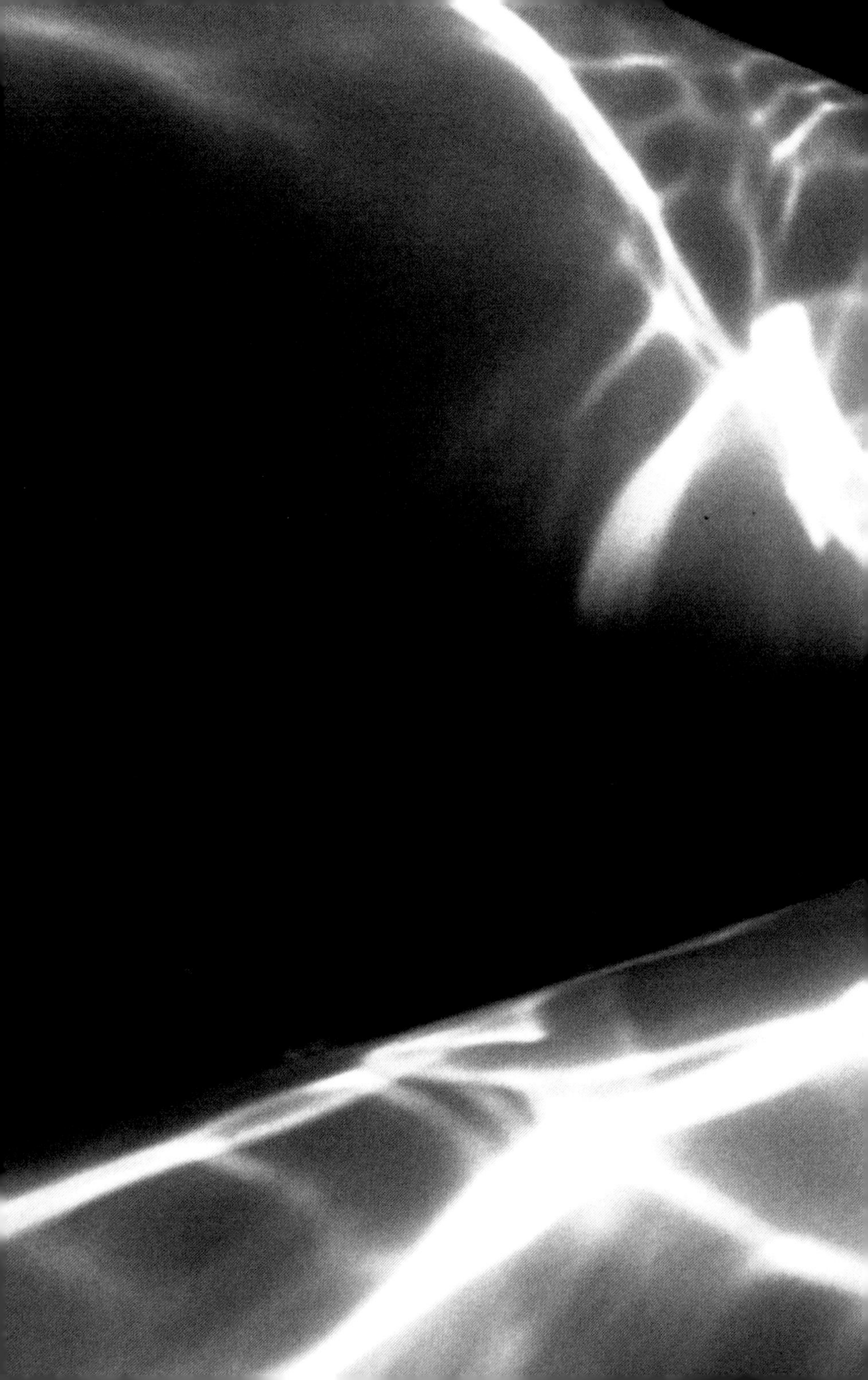

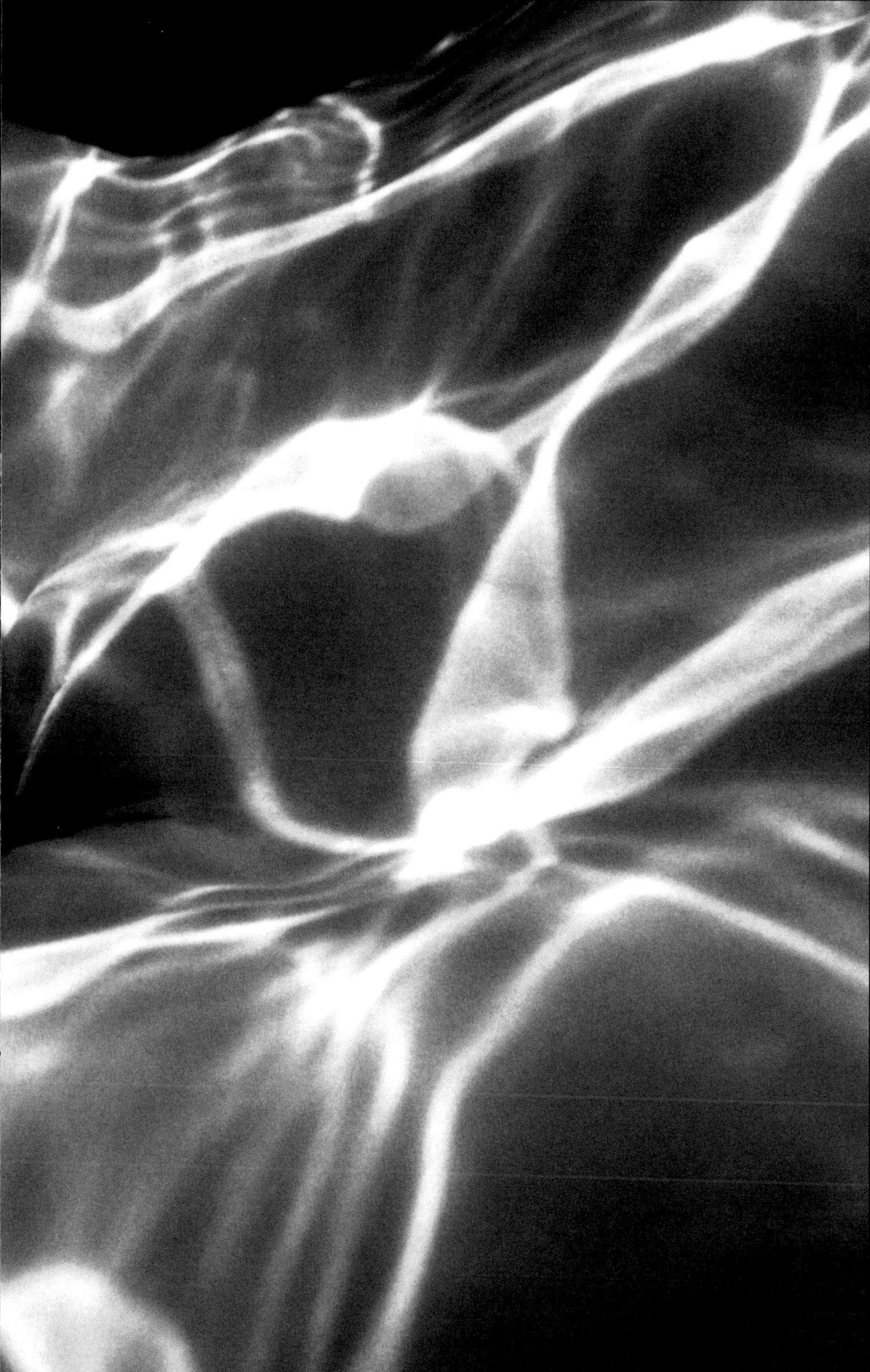

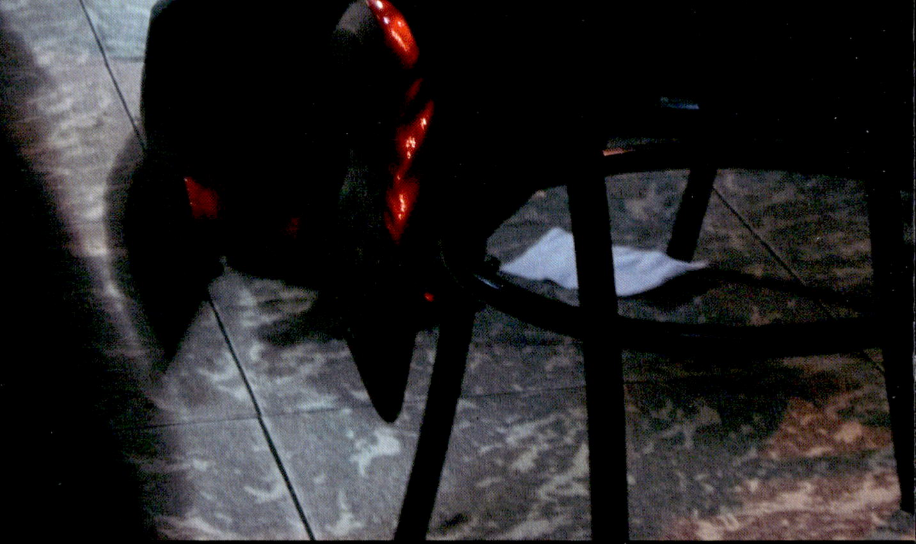

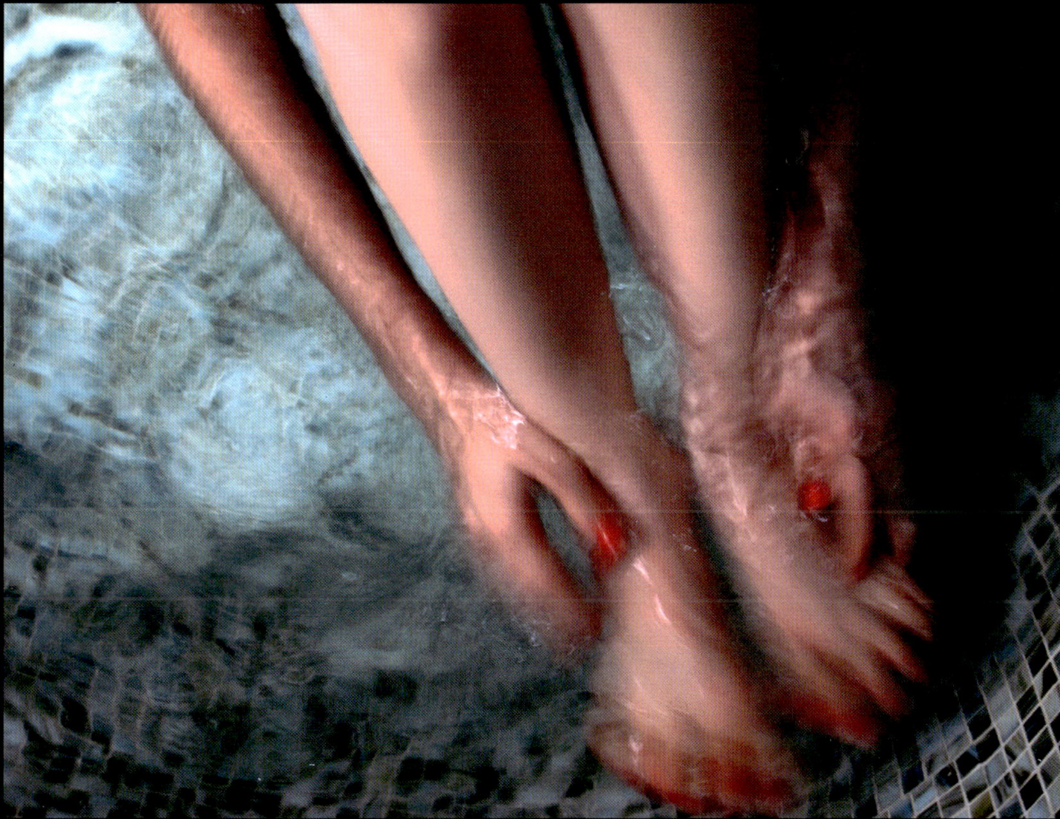

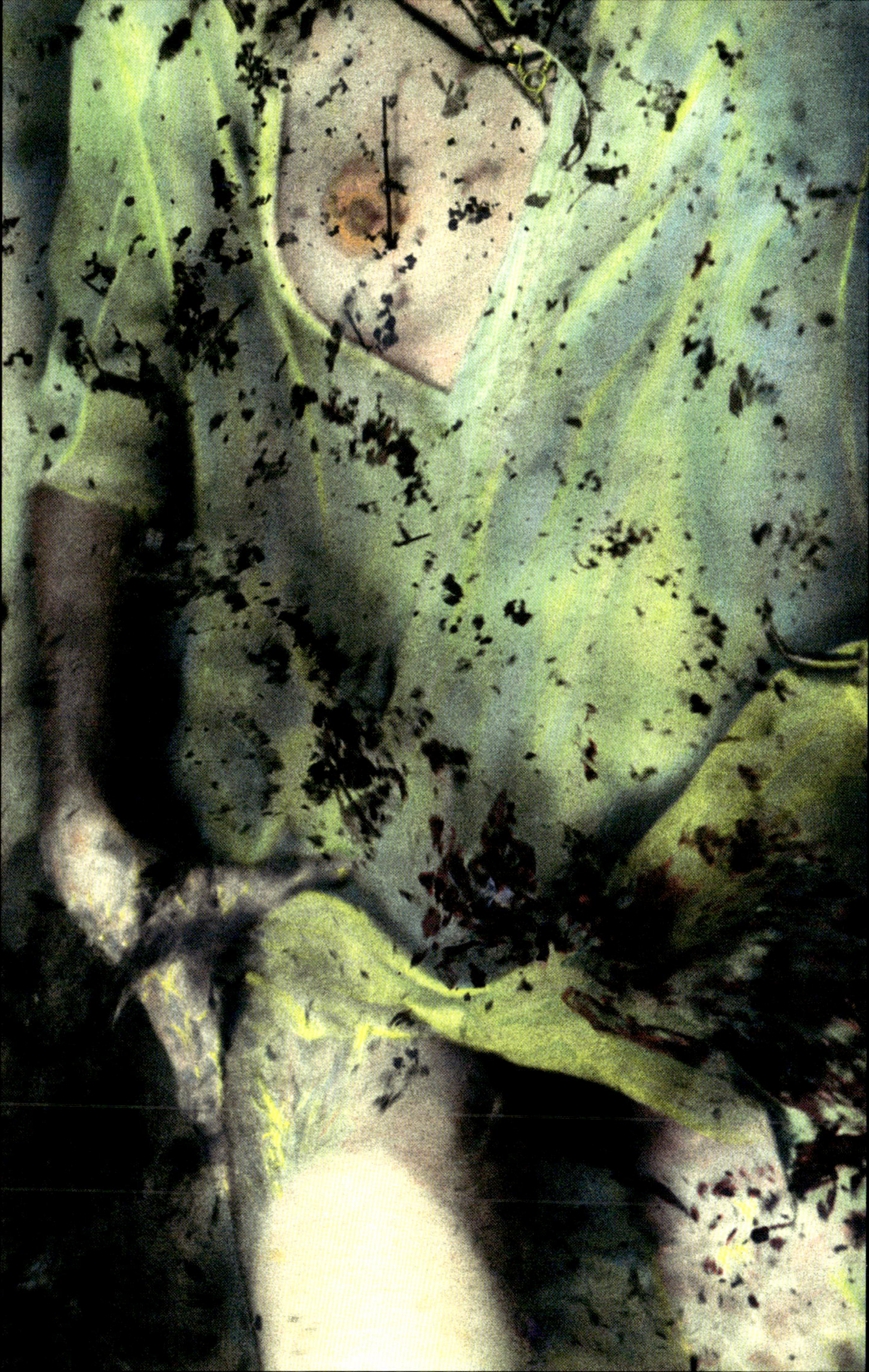

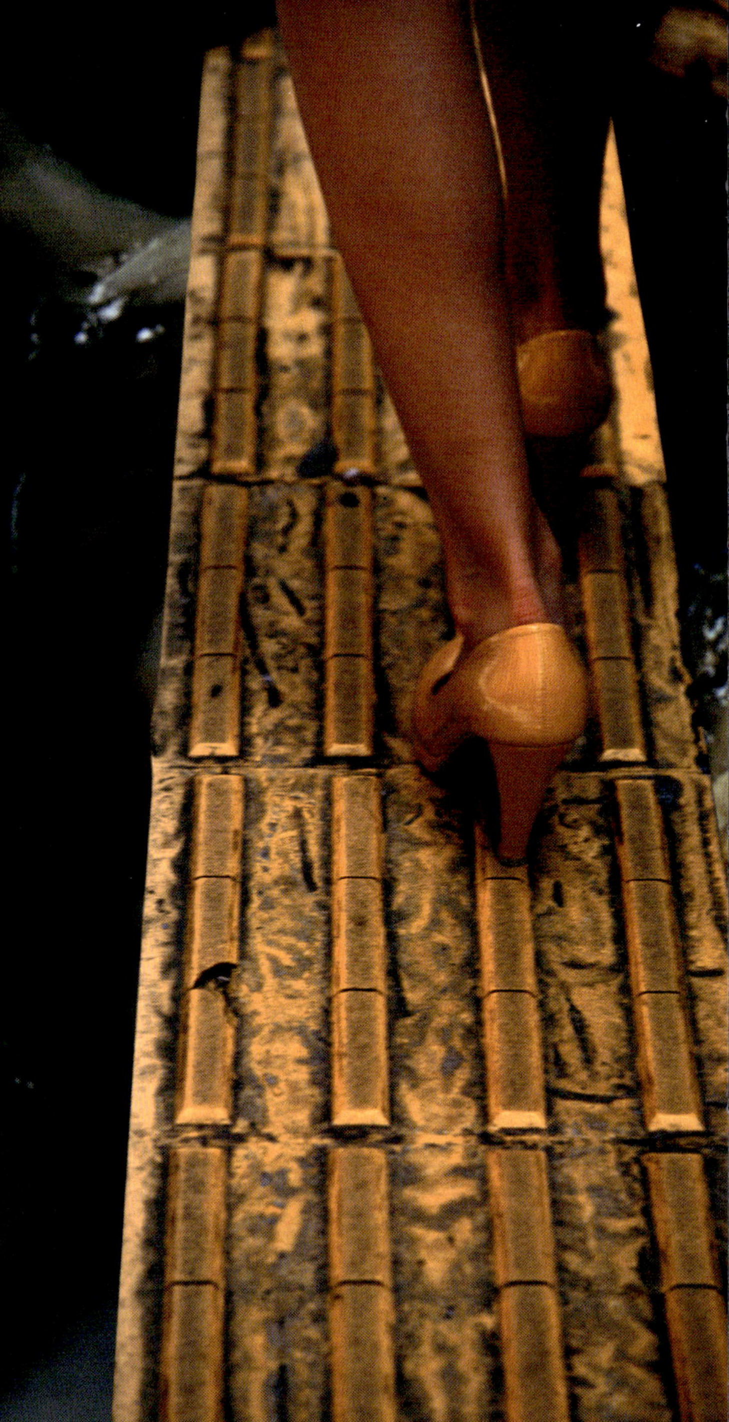

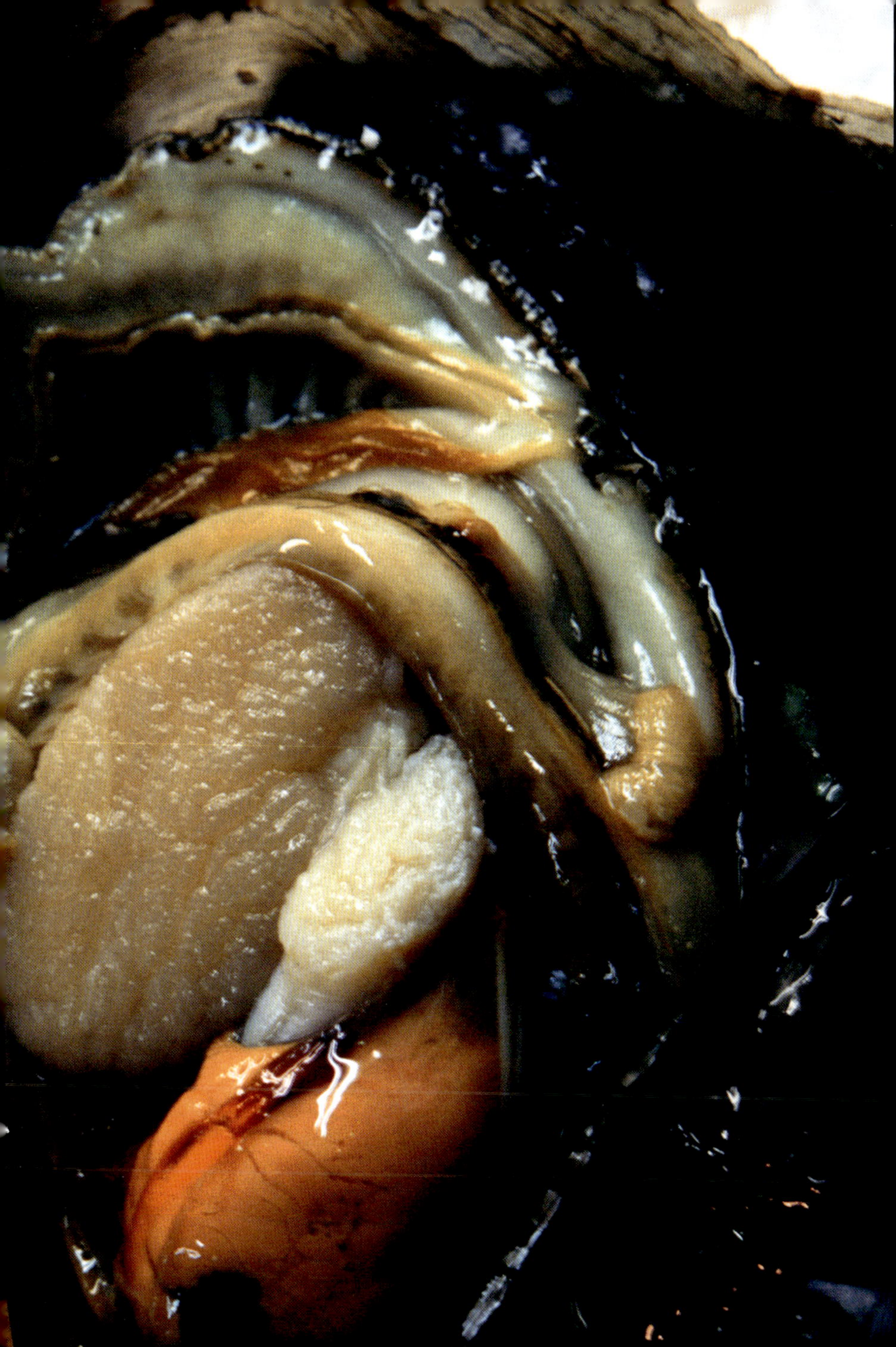

Mechanics of Women

Miguel Rio Branco

I sit staring with a flowing sensation of meaningful moments which always remind me of you, of your essence as a woman: feminine, strong, smart and alert. A sophisticated lady on the streets of Havana, friends and lovers, a Cadillac tail fin with a scar, something which always goes along with life. Which always, always heals, leaving little but a mark to show you continued forward, far beyond pain and pleasure.

It seems I was always in search of you, of the feminine yet masculine clothes of matadors, when pondering before facing off with that unknown beast which always lies in the sands of everyday life. From the force of *Black Tension*, which I plea for help, to the jewels of Santiago, linked to the protective silver mask of the icons from your native land. I travelled all these paths by myself before you appeared to me out of nowhere, gliding in the blue waters of tranquil desire.

Isi, Amazon of the bow and arrow caressing the bronze of Richard Lenoir, who wishes not to live the fate of the broken penis of Roman ruin, or that of the stitched-up cradle-vessel, but instead that of the generous teats of Compostela or the white stone chalice of Crete. An offering to my thirst for love.

Thus the moments continue to flow, seeking the target: the meaning of a life, beauty waiting for the beast, or vice versa. What difference does it make? All the while, my eyes follow the tip-tap of her high heels in the street, those beautiful blue and red shoes on every street in every city, linked together with no way out.

I still want to look in the crystal ball and see a blind love that does not linger upon details of time. I still want the purity of touching a sensitive fruit, as sensitive as the apples of love which seduce even a pair of mating lions.

Flying towards you to save you from the torture of a passion hidden in the motels of Tokyo, in the meetings of sweaty skin and a tired golden body.

And the red embraces of a Hokusai octopus touching your sex, chosen in the profusion of wet bliss. When the beauty in the red dress returns, flying over the fleshless head of the beast in the hinterlands of Bahia, as far as the hawks of Pará, I live seeking you, you who came for me from out of nowhere.

Undulating in the waters of unreality, in the shattering of reality, in that other world... finding you again and again.

—

To my wife, Isidora Gajic.

La mecánica de las mujeres
Miguel Rio Branco

Siento el fluir de los instantes. Observo los momentos llenos de sentido que invariablemente me hacen pensar en ti, en tu esencia de mujer, femenina, fuerte, inteligente, alerta. *Sophisticated lady* en las calles de La Habana: compañeros y amantes, la cola de pez del Cadillac con cicatriz. Algo que siempre acompaña a la vida. Algo que siempre cicatriza, siempre, dejando apenas la marca del seguir adelante, mucho más allá de los dolores y de los placeres.

Se diría que te busqué desde el principio, en las ropas femeninas y masculinas del matador o meditando, antes de hacer frente a la fiera desconocida que nos espera siempre en la arena del día a día. Desde la fuerza de *Black Tension*, a la que suplico ayuda, hasta las joyas de Santiago ligadas a la máscara de plata protectora de los iconos de tu tierra natal. Todos esos caminos recorrí en soledad antes de que aparecieras tú *out of nowhere*, deslizándote sobre las aguas azules del deseo tranquilo.

Isi, amazona armada de arco y flecha acariciando la estatua de bronce de Richard Lenoir, que no quiere terminar como el pene roto de la ruina romana ni como el vaso-cuna lleno de costurones. Sí, en cambio, como aquellas tetas generosas de Compostela o el cáliz de piedra blanca de Creta. Ofrenda a mi sed de amor.

Y los momentos siguen fluyendo, buscando un objetivo: el significado de una vida; la bella esperando a la bestia o viceversa (qué diferencia hay). Mientras, mis ojos persiguen el tictac de esos altos tacones azules y rojos, en todas las calles de todas las ciudades, entretejidas, sin salida.

Sigo queriendo ver en la bola de cristal el amor ciego que no se aferra a los pormenores del tiempo. Sigo queriendo el tacto puro de una fruta sensible, tan sensible como las manzanas del amor, que seducen incluso a una pareja de leones.

Vuelo hacia ti para salvarte del suplicio de una pasión que se esconde en los moteles de Tokio o en los encuentros de la piel bañada en sudor y del cuerpo de oro cansado.

Y los abrazos rojos de un pulpo de Hokusai tocando tu sexo elegido en una profusión de placeres mojados. Y el regreso de la hermosa mujer del vestido rojo, pasando por la cabeza descarnada de la fiera en el *sertão* de Bahía, hasta los halcones de Pará, vivo buscándote a ti, que llegaste a mí desde ningún lugar.

Fluctuando en las aguas de la irrealidad, en la brecha de la realidad, en aquel otro mundo; encontrándote una y otra vez.

—

Para mi esposa, Isidora Gajic.

Publisher / Edición
La Fábrica

Photographs / Fotografías
Miguel Rio Branco

Series editor /
Director de la colección
Gonzalo Golpe

Graphic editors / Edición gráfica
Miguel Rio Branco
Isidora Gajic

Graphic designer / Diseño gráfico
Rifle.

Translations / Traducción
Miguel Marqués
Adolfo Montejo Naves
Douglas Prats

Pre-press / Preimpresión
La Troupe

Printing / Impresión
Brizzolis

Binding / Encuadernación
Ramos

The typeface used in this book is Calibre and it has been printed on 170-gram Creator Silk paper / La tipografía utilizada en este libro es Calibre y ha sido impreso en papel Creator Silk de 170 gr.

ISBN
978-84-17048-05-1

Legal Deposit / Depósito Legal
M-9587-2017

LA FABRICA

President / Presidente
Alberto Anaut

Managing Director / Director General
Álvaro Matías

Editorial Content Manager /
Directora Editorial
Camino Brasa

Publishing Development Manager /
Director de Desarrollo Editorial
César Martínez-Useros

Coordinator / Coordinación
Doménico Chiappe

Production Manager /
Director de Producción
Rufino Díaz

Distribution Manager /
Director de Distribución
Raúl Muñoz

—

La Fábrica
Verónica, 13
28014 Madrid
T. +34 91 360 13 20
edicion@lafabrica.com
www.lafabrica.com

—

BRIZZOLIS arte en gráficas